TRANZLATY

Sprache ist für alle da

Taal is voor iedereen

Das Kommunistische Manifest

Het Communistisch Manifest

Karl Marx
&
Friedrich Engels

Deutsch / Nederlands

Published by Tranzlaty
ISBN: 978-1-80572-328-8
Original text by Karl Marx and Friedrich Engels
The Communist Manifesto
First published in 1848
www.tranzlaty.com

Einleitung
Introductie
Ein Gespenst geht um in Europa – das Gespenst des Kommunismus
Er waart een spook door Europa, het spook van het communisme
Alle Mächte des alten Europa sind eine heilige Allianz eingegangen, um dieses Gespenst auszutreiben
Alle mogendheden van het oude Europa zijn een heilig verbond aangegaan om dit spook uit te drijven
Papst und Zaren, Metternich und Guizot, französische Radikale und deutsche Polizeispione
Paus en tsaar, Metternich en Guizot, Franse radicalen en Duitse politiespionnen
Wo ist die Oppositionspartei, die von ihren Gegnern an der Macht nicht als kommunistisch verschrien wurde?
Waar is de partij in de oppositie die niet als communistisch is bestempeld door haar tegenstanders aan de macht?
Wo ist die Opposition, die nicht den Brandvorwurf des Kommunismus gegen die fortgeschritteneren Oppositionsparteien zurückgeschleudert hat?
Waar is de oppositie die de brandende smaad van het communisme tegen de meer vooruitstrevende oppositiepartijen niet heeft teruggeworpen?
Und wo ist die Partei, die den Vorwurf nicht gegen ihre reaktionären Gegner erhoben hat?
En waar is de partij die de beschuldiging tegen haar reactionaire tegenstanders niet heeft geuit?
Aus dieser Tatsache ergeben sich zweierlei
Dit feit leidt tot twee dingen
I. Der Kommunismus wird bereits von allen europäischen Mächten als eine Macht anerkannt
I. Het communisme wordt reeds door alle Europese mogendheden erkend als een mogendheid
II. Es ist höchste Zeit, dass die Kommunisten ihre Ansichten, Ziele und Tendenzen offen vor der ganzen Welt offenlegen

II. Het is de hoogste tijd dat communisten openlijk, ten overstaan van de hele wereld, hun opvattingen, doelstellingen en tendensen bekendmaken

sie müssen diesem Kindermärchen vom Gespenst des Kommunismus mit einem Manifest der Partei selbst begegnen

ze moeten dit kinderverhaal van het spook van het communisme ontmoeten met een manifest van de partij zelf

Zu diesem Zweck haben sich Kommunisten verschiedener Nationalitäten in London versammelt und folgendes Manifest entworfen

Daartoe hebben communisten van verschillende nationaliteiten zich in Londen verzameld en het volgende manifest opgesteld.

Dieses Manifest wird in deutscher, englischer, französischer, italienischer, flämischer und dänischer Sprache veröffentlicht

dit manifest zal worden gepubliceerd in de Engelse, Franse, Duitse, Italiaanse, Vlaamse en Deense taal

Und jetzt soll es in allen Sprachen veröffentlicht werden, die Tranzlaty anbietet

En nu moet het worden gepubliceerd in alle talen die Tranzlaty aanbiedt

Bourgeois und Proletarier

Bourgeois en de proletariërs

Die Geschichte aller bisherigen Gesellschaften ist die Geschichte der Klassenkämpfe

De geschiedenis van alle tot nu toe bestaande maatschappijen is de geschiedenis van de klassenstrijd

Freier und Sklave, Patrizier und Plebejer, Herr und Leibeigener, Zunftmeister und Geselle

Vrije man en slaaf, patriciër en plebejer, heer en lijfeigene, gildemeester en gezel

mit einem Wort, Unterdrücker und Unterdrückte

In één woord, onderdrukker en onderdrukte

Diese sozialen Klassen standen in ständiger Opposition zueinander

Deze sociale klassen stonden voortdurend tegenover elkaar

Sie führten einen ununterbrochenen Kampf. Jetzt versteckt, jetzt offen

Ze voerden een ononderbroken strijd. Nu verborgen, nu open

Ein Kampf, der entweder in einer revolutionären Rekonstitution der Gesellschaft als Ganzes endete

een strijd die ofwel eindigde in een revolutionaire heroprichting van de samenleving als geheel

oder ein Kampf, der im gemeinsamen Ruin der streitenden Klassen endete

of een strijd die eindigde in de gemeenschappelijke ondergang van de strijdende klassen

Blicken wir zurück auf die früheren Epochen der Geschichte

Laten we terugkijken naar de vroegere tijdperken van de geschiedenis

Wir finden fast überall eine komplizierte Einteilung der Gesellschaft in verschiedene Ordnungen

We vinden bijna overal een ingewikkelde indeling van de samenleving in verschillende ordeningen

Es gab schon immer eine mannigfaltige Abstufung des sozialen Ranges

Er is altijd een veelvoudige gradatie van sociale rang geweest

Im alten Rom gibt es Patrizier, Ritter, Plebejer, Sklaven

In het oude Rome hebben we patriciërs, ridders, plebejers, slaven

im Mittelalter: Feudalherren, Vasallen, Zunftmeister, Gesellen, Lehrlinge, Leibeigene

in de Middeleeuwen: feodale heren, vazallen, gildemeesters, gezellen, leerlingen, lijfeigenen

In fast allen diesen Klassen sind wiederum untergeordnete Abstufungen

In bijna al deze klassen zijn er weer ondergeschikte gradaties

Die moderne Bourgeoisie Gesellschaft ist aus den Trümmern der feudalen Gesellschaft hervorgegangen

De moderne bourgeoisie is ontsproten uit de ruïnes van de feodale maatschappij

Aber diese neue Gesellschaftsordnung hat die Klassengegensätze nicht beseitigt

Maar deze nieuwe sociale orde heeft de klassentegenstellingen niet opgeheven

Sie hat nur neue Klassen und neue Unterdrückungsbedingungen geschaffen

Het heeft alleen maar nieuwe klassen en nieuwe voorwaarden van onderdrukking geschapen

Sie hat neue Formen des Kampfes an die Stelle der alten gesetzt

Het heeft nieuwe vormen van strijd ingesteld in plaats van de oude

Die Epoche, in der wir uns befinden, weist jedoch eine Besonderheit auf

Het tijdperk waarin we ons bevinden heeft echter één onderscheidend kenmerk

die Epoche der Bourgeoisie hat die Klassengegensätze vereinfacht

het tijdperk van de bourgeoisie heeft de klassentegenstellingen vereenvoudigd

Die Gesellschaft als Ganzes spaltet sich mehr und mehr in zwei große feindliche Lager

De samenleving als geheel valt steeds meer uiteen in twee
grote vijandige kampen
**zwei große soziale Klassen, die sich direkt gegenüberstehen:
Bourgeoisie und Proletariat**
twee grote sociale klassen die recht tegenover elkaar staan: de
bourgeoisie en het proletariaat
**Aus den Leibeigenen des Mittelalters gingen die Bürger der
ersten Städte hervor**
Uit de lijfeigenen van de Middeleeuwen kwamen de
gecharterde burgers van de vroegste steden voort
**Aus diesen Bürgern entwickelten sich die ersten Elemente
der Bourgeoisie**
Uit deze burgerij ontwikkelden zich de eerste elementen van
de bourgeoisie
Die Entdeckung Amerikas und die Umrundung des Kaps
De ontdekking van Amerika en de ronding van de Kaap
**diese Ereignisse eröffneten der aufstrebenden Bourgeoisie
neues Terrain**
deze gebeurtenissen openden nieuw terrein voor de
opkomende bourgeoisie
**Die ostindischen und chinesischen Märkte, die
Kolonisierung Amerikas, der Handel mit den Kolonien**
De Oost-Indische en Chinese markten, de kolonisatie van
Amerika, de handel met de koloniën
die Vermehrung der Tauschmittel und der Waren überhaupt
de toename van de ruilmiddelen en van de waren in het
algemeen
**Diese Ereignisse gaben dem Handel, der Schiffahrt und der
Industrie einen nie gekannten Impuls**
Deze gebeurtenissen gaven aan de handel, de scheepvaart en
de industrie een impuls die nog nooit eerder was gekend
**Sie gab dem revolutionären Element in der wankenden
feudalen Gesellschaft eine rasche Entwicklung**
Het gaf een snelle ontwikkeling aan het revolutionaire element
in de wankelende feodale samenleving

Geschlossene Zünfte hatten das feudale System der industriellen Produktion monopolisiert

Gesloten gilden hadden het feodale systeem van industriële productie gemonopoliseerd

Doch das reichte den wachsenden Bedürfnissen der neuen Märkte nicht mehr aus

Maar dit was niet langer voldoende voor de groeiende behoeften van de nieuwe markten

Das Manufaktursystem trat an die Stelle des feudalen Systems der Industrie

Het productiesysteem nam de plaats in van het feodale systeem van de industrie

Die Zunftmeister wurden vom produzierenden Bürgertum auf die Seite gedrängt

De gildemeesters werden aan de kant geschoven door de industriële middenklasse

Die Arbeitsteilung zwischen den verschiedenen korporativen Innungen verschwand

De arbeidsverdeling tussen de verschillende corporatiegilden verdween

Die Arbeitsteilung durchdrang jede einzelne Werkstatt

De arbeidsdeling drong door tot in elke werkplaats

In der Zwischenzeit wuchsen die Märkte immer weiter und die Nachfrage stieg immer weiter

Ondertussen bleven de markten steeds groeien en nam de vraag steeds verder toe

Selbst Fabriken reichten nicht mehr aus, um den Anforderungen gerecht zu werden

Zelfs fabrieken volstonden niet meer om aan de vraag te voldoen

Daraufhin revolutionierten Dampf und Maschinen die industrielle Produktion

Daarop zorgden stoom en machines voor een revolutie in de industriële productie

An die Stelle der Manufaktur trat der Riese, die moderne Industrie

De plaats van fabricage werd ingenomen door de reus, de moderne industrie

An die Stelle des industriellen Mittelstandes traten industrielle Millionäre

De plaats van de industriële middenklasse werd ingenomen door industriële miljonairs

an die Stelle der Führer ganzer Industriearmeen trat die moderne Bourgeoisie

de plaats van de leiders van hele industriële legers werd ingenomen door de moderne bourgeoisie

die Entdeckung Amerikas ebnete der modernen Industrie den Weg zur Etablierung des Weltmarktes

de ontdekking van Amerika maakte de weg vrij voor de moderne industrie om de wereldmarkt te vestigen

Dieser Markt gab dem Handel, der Schifffahrt und der Kommunikation auf dem Landweg eine ungeheure Entwicklung

Deze markt gaf een enorme ontwikkeling aan de handel, scheepvaart en communicatie over land

Diese Entwicklung hat seinerzeit auf die Ausdehnung der Industrie reagiert

Deze ontwikkeling heeft in de loop van de tijd een weerslag gehad op de uitbreiding van de industrie

Sie reagierte in dem Maße, wie sich die Industrie ausbreitete, und wie sich Handel, Schiffahrt und Eisenbahn ausdehnten

Het reageerde in verhouding tot de manier waarop de industrie zich uitbreidde, en hoe handel, scheepvaart en spoorwegen zich uitbreidden

in demselben Maße, in dem sich die Bourgeoisie entwickelte, vermehrte sie ihr Kapital

in dezelfde mate als de bourgeoisie zich ontwikkelde, vermeerderden zij haar kapitaal

und das Bourgeoisie drängte jede aus dem Mittelalter überlieferte Klasse in den Hintergrund

en de bourgeoisie verdreef elke klasse die uit de middeleeuwen was overgeleverd naar de achtergrond

daher ist die moderne Bourgeoisie selbst das Produkt eines langen Entwicklungsganges

daarom is de moderne bourgeoisie zelf het product van een lange ontwikkelingsweg

Wir sehen, dass es sich um eine Reihe von Revolutionen in der Produktions- und Tauschweise handelt

We zien dat het een reeks revoluties is in de productie- en ruilwijzen

Jeder Schritt der Bourgeoisie Entwicklung ging mit einem entsprechenden politischen Fortschritt einher

Elke stap in de ontwikkeling van de bourgeoisie ging gepaard met een overeenkomstige politieke vooruitgang

Eine unterdrückte Klasse unter der Herrschaft des feudalen Adels

Een onderdrukte klasse onder de heerschappij van de feodale adel

ein bewaffneter und selbstverwalteter Verein in der mittelalterlichen Kommune

Een gewapende en zelfbesturende vereniging in de middeleeuwse gemeente

hier eine unabhängige Stadtrepublik (wie in Italien und Deutschland)

hier een onafhankelijke stedelijke republiek (zoals in Italië en Duitsland)

dort ein steuerpflichtiger "dritter Stand" der Monarchie (wie in Frankreich)

daar een belastbare "derde stand" van de monarchie (zoals in Frankrijk)

Danach, in der Zeit der eigentlichen Herstellung

daarna, in de eigenlijke fabricageperiode

die Bourgeoisie diente entweder der halbfeudalen oder der absoluten Monarchie

de bourgeoisie diende ofwel de semi-feodale ofwel de absolute monarchie

oder die Bourgeoisie fungierte als Gegengewicht zum Adel

of de bourgeoisie fungeerde als tegenwicht tegen de adel

und in der Tat war die Bourgeoisie ein Eckpfeiler der großen Monarchien überhaupt

en in feite was de bourgeoisie een hoeksteen van de grote monarchieën in het algemeen

aber die moderne Industrie und der Weltmarkt haben sich seitdem etabliert

maar de moderne industrie en de wereldmarkt hebben zich sindsdien gevestigd

und die Bourgeoisie hat sich die ausschließliche politische Herrschaft erobert

en de bourgeoisie heeft zich de exclusieve politieke heerschappij veroverd

sie erreichte diese politische Herrschaft durch den modernen repräsentativen Staat

het bereikte deze politieke heerschappij door de moderne representatieve staat

Die Exekutive des modernen Staates ist nichts anderes als ein Verwaltungskomitee

De uitvoerende macht van de moderne staat is slechts een bestuurscomité

und sie leiten die gemeinsamen Angelegenheiten der gesamten Bourgeoisie

en zij beheren de gemeenschappelijke zaken van de gehele bourgeoisie

Die Bourgeoisie hat historisch gesehen eine höchst revolutionäre Rolle gespielt

De bourgeoisie heeft historisch gezien een zeer revolutionaire rol gespeeld

Wo immer sie die Oberhand gewann, machte sie allen feudalen, patriarchalischen und idyllischen Verhältnissen ein Ende

Overal waar het de overhand kreeg, maakte het een einde aan alle feodale, patriarchale en idyllische verhoudingen

Sie hat erbarmungslos die bunten feudalen Bande zerrissen, die den Menschen an seine "natürlichen Vorgesetzten" banden

Het heeft meedogenloos de bonte feodale banden verscheurd die de mens aan zijn 'natuurlijke superieuren' bonden

Und es ist kein Nexus zwischen Mensch und Mensch übrig geblieben, außer nacktem Eigeninteresse

En het heeft geen verband tussen mens en mens overgelaten, anders dan naakt eigenbelang

Die Beziehungen der Menschen zueinander sind zu nichts anderem geworden als zu einer gefühllosen "Geldzahlung"

De relaties van de mens met elkaar zijn niets meer geworden dan harteloze "contante betaling"

Sie hat die himmlischsten Ekstasen religiöser Inbrunst ertränkt

Het heeft de meest hemelse extases van religieuze ijver verdronken

sie hat ritterlichen Enthusiasmus und philiströsen Sentimentalismus übertönt

Het heeft ridderlijk enthousiasme en kleinburgerlijk sentimentalisme verdronken

Sie hat diese Dinge im eisigen Wasser des egoistischen Kalküls ertränkt

Het heeft deze dingen verdronken in het ijskoude water van egoïstische berekening

Sie hat den persönlichen Wert in Tauschwert aufgelöst

Het heeft persoonlijke waarde omgezet in ruilwaarde

Sie hat die zahllosen und unveräußerlichen verbrieften Freiheiten ersetzt

Het is in de plaats gekomen van de talloze en onaantastbare gecharterde vrijheden

und sie hat eine einzige, skrupellose Freiheit geschaffen; Freihandel

en het heeft een enkele, gewetenloze vrijheid in het leven geroepen; Vrijhandel

Mit einem Wort, sie hat dies für die Ausbeutung getan

In één woord, het heeft dit gedaan voor uitbuiting

Ausbeutung, verschleiert durch religiöse und politische Illusionen

uitbuiting versluierd door religieuze en politieke illusies

Ausbeutung verschleiert durch nackte, schamlose, direkte, brutale Ausbeutung

uitbuiting versluierd door naakte, schaamteloze, directe, brute uitbuiting

die Bourgeoisie hat den Heiligenschein von jedem zuvor geehrten und verehrten Beruf abgestreift

de bourgeoisie heeft het aureool van elke voorheen geëerde en vereerde bezigheid ontdaan

der Arzt, der Advokat, der Priester, der Dichter und der Mann der Wissenschaft

de arts, de advocaat, de priester, de dichter en de man van de wetenschap

Sie hat diese ausgezeichneten Arbeiter in ihre bezahlten Lohnarbeiter verwandelt

Zij heeft deze voorname arbeiders tot haar betaalde loonarbeiders gemaakt

Die Bourgeoisie hat der Familie den sentimentalen Schleier weggerissen

De bourgeoisie heeft de sentimentele sluier van het gezin weggerukt

Und sie hat das Familienverhältnis auf ein bloßes Geldverhältnis reduziert

En het heeft de familierelatie gereduceerd tot een loutere geldrelatie

die brutale Zurschaustellung der Kraft im Mittelalter, die die Reaktionäre so sehr bewundern

het brute vertoon van kracht in de Middeleeuwen dat de reactionisten zo bewonderen

Auch diese fand ihre passende Ergänzung in der trägesten Trägheit

Zelfs dit vond zijn passende aanvulling in de meest luie traagheid

Die Bourgeoisie hat enthüllt, wie es dazu gekommen ist
De bourgeoisie heeft onthuld hoe dit alles is gebeurd
Die Bourgeoisie war die erste, die gezeigt hat, was die Tätigkeit des Menschen bewirken kann
De bourgeoisie is de eerste geweest om te laten zien wat de activiteit van de mens teweeg kan brengen
Sie hat Wunder vollbracht, die ägyptische Pyramiden, römische Aquädukte und gotische Kathedralen bei weitem übertreffen
Het heeft wonderen verricht die Egyptische piramides, Romeinse aquaducten en gotische kathedralen ver overtreffen
und sie hat Expeditionen durchgeführt, die alle früheren Auszüge von Nationen und Kreuzzügen in den Schatten stellten
en het heeft expedities uitgevoerd die alle voormalige Exoduses van naties en kruistochten in de schaduw hebben gesteld
Die Bourgeoisie kann nicht existieren, ohne die Produktionsmittel ständig zu revolutionieren
De bourgeoisie kan niet bestaan zonder de productiemiddelen voortdurend te revolutioneren
und damit kann sie nicht ohne ihre Beziehungen zur Produktion existieren
en daardoor kan het niet bestaan zonder zijn relaties tot de productie
und deshalb kann sie nicht ohne ihre Beziehungen zur Gesellschaft existieren
en daarom kan het niet bestaan zonder zijn relaties met de samenleving
Alle früheren Industrieklassen hatten eine Bedingung gemeinsam
Alle vroegere industriële klassen hadden één voorwaarde gemeen
Sie setzten auf die Bewahrung der alten Produktionsweisen
Ze vertrouwden op het behoud van de oude productiewijzen

aber die Bourgeoisie brachte eine völlig neue Dynamik mit sich

maar de bourgeoisie bracht een geheel nieuwe dynamiek met zich mee

Ständige Revolutionierung der Produktion und ununterbrochene Störung aller gesellschaftlichen Verhältnisse

Voortdurende omwenteling van de productie en ononderbroken verstoring van alle sociale omstandigheden

diese immerwährende Unsicherheit und Unruhe unterscheidet die Epoche der Bourgeoisie von allen früheren

deze voortdurende onzekerheid en agitatie onderscheidt het tijdperk van de bourgeoisie van alle voorgaande

Die bisherigen Beziehungen zur Produktion waren mit alten und ehrwürdigen Vorurteilen und Meinungen verbunden

Eerdere relaties met de productie gingen gepaard met oude en eerbiedwaardige vooroordelen en meningen

Aber all diese festgefahrenen, eingefrorenen Beziehungen werden hinweggefegt

Maar al deze vaste, vastgevroren relaties worden weggevaagd

Alle neu gebildeten Verhältnisse werden antiquiert, bevor sie erstarren können

Alle nieuw gevormde relaties raken verouderd voordat ze kunnen verstarren

Alles, was fest ist, zerschmilzt in Luft, und alles, was heilig ist, wird entweiht

Alles wat vast is, smelt in lucht, en alles wat heilig is, wordt ontheiligd

Der Mensch ist endlich gezwungen, mit nüchternen Sinnen seinen wirklichen Lebensbedingungen ins Auge zu sehen

De mens wordt ten slotte gedwongen zijn werkelijke levensomstandigheden onder ogen te zien met nuchtere zintuigen

und er ist gezwungen, sich seinen Beziehungen zu seinesgleichen zu stellen

en hij is gedwongen zijn relaties met zijn soortgenoten onder ogen te zien

Die Bourgeoisie muss ständig ihre Märkte für ihre Produkte erweitern

De bourgeoisie moet haar markten voor haar producten voortdurend uitbreiden

und deshalb wird die Bourgeoisie über die ganze Erdoberfläche gejagt

en daarom wordt de bourgeoisie over de hele aardbol achtervolgd

Die Bourgeoisie muss sich überall einnisten, sich überall niederlassen, überall Verbindungen herstellen

De bourgeoisie moet zich overal nestelen, zich overal vestigen, overal verbindingen leggen

Die Bourgeoisie muss in jedem Winkel der Welt Märkte schaffen, um sie auszubeuten

De bourgeoisie moet in alle uithoeken van de wereld markten creëren om te exploiteren

Die Produktion und der Konsum in jedem Land haben einen kosmopolitischen Charakter erhalten

De productie en consumptie heeft in elk land een kosmopolitisch karakter gekregen

der Verdruss der Reaktionäre ist mit Händen zu greifen, aber er hat sich trotzdem fortgesetzt

het verdriet van de reactionisten is voelbaar, maar het is toch doorgegaan

Die Bourgeoisie hat der Industrie den nationalen Boden, auf dem sie stand, unter den Füßen weggezogen

De bourgeoisie heeft de nationale grond, waarop zij stond, onder de voeten van de industrie weggesleept

Alle alteingesessenen nationalen Industrien sind zerstört worden oder werden täglich zerstört

Alle oude gevestigde nationale industrieën zijn vernietigd, of worden dagelijks vernietigd

Alle alteingesessenen nationalen Industrien werden durch neue Industrien verdrängt

Alle oude gevestigde nationale industrieën worden verdreven door nieuwe industrieën

Ihre Einführung wird zu einer Frage von Leben und Tod für alle zivilisierten Völker

Hun invoering wordt een kwestie van leven en dood voor alle beschaafde naties

Sie werden von Industrien verdrängt, die keine heimischen Rohstoffe mehr verarbeiten

ze worden verdreven door industrieën die geen inheemse grondstoffen meer bewerken

Stattdessen beziehen diese Industrien Rohstoffe aus den entlegensten Zonen

In plaats daarvan halen deze industrieën grondstoffen uit de meest afgelegen zones

Industrien, deren Produkte nicht nur zu Hause, sondern in allen Teilen der Welt konsumiert werden

industrieën waarvan de producten niet alleen thuis worden geconsumeerd, maar in alle uithoeken van de wereld

An die Stelle der alten Bedürfnisse, die durch die Erzeugnisse des Landes befriedigt werden, treten neue Bedürfnisse

In plaats van de oude behoeften, bevredigd door de producties van het land, vinden we nieuwe behoeften

Diese neuen Bedürfnisse bedürfen zu ihrer Befriedigung der Produkte aus fernen Ländern und Klimazonen

Deze nieuwe behoeften vereisen voor hun bevrediging de producten van verre landen en klimaten

An die Stelle der alten lokalen und nationalen Abgeschiedenheit und Selbstversorgung tritt der Handel

In plaats van de oude lokale en nationale afzondering en zelfvoorziening, hebben we handel

internationaler Austausch in alle Richtungen; universelle Interdependenz der Nationen

internationale uitwisseling in alle richtingen; Universele onderlinge afhankelijkheid van naties

Und so wie wir von Materialien abhängig sind, so sind wir von der intellektuellen Produktion abhängig

En net zoals wij afhankelijk zijn van materialen, zo zijn wij ook afhankelijk van intellectuele productie

Die geistigen Schöpfungen der einzelnen Nationen werden zum Gemeingut

De intellectuele scheppingen van individuele naties worden gemeenschappelijk bezit

Nationale Einseitigkeit und Engstirnigkeit werden immer unmöglicher

Nationale eenzijdigheid en bekrompenheid worden steeds onmogelijker

Und aus den zahlreichen nationalen und lokalen Literaturen entsteht eine Weltliteratur

En uit de talrijke nationale en lokale literatuur ontstaat een wereldliteratuur

durch die rasche Verbesserung aller Produktionsmittel

door de snelle verbetering van alle productie-instrumenten

durch die immens erleichterten Kommunikationsmittel

door de enorm gefaciliteerde communicatiemiddelen

Die Bourgeoisie zieht alle (auch die barbarischsten Nationen) in die Zivilisation hinein

De bourgeoisie trekt iedereen (zelfs de meest barbaarse naties) in de beschaving

Die billigen Preise seiner Waren; die schwere Artillerie, die alle chinesischen Mauern niederreißt

De goedkope prijzen van zijn grondstoffen; het zware geschut dat alle Chinese muren neerhaalt

Der hartnäckige Fremdenhass der Barbaren wird zur Kapitulation gezwungen

De intens hardnekkige haat van de barbaren tegen buitenlanders wordt gedwongen te capituleren

Sie zwingt alle Nationen, unter Androhung des Aussterbens, die Bourgeoisie Produktionsweise anzunehmen

Het dwingt alle naties, op straffe van uitroeiing, om de bourgeoisie productiewijze aan te nemen

Sie zwingt sie, das, was sie Zivilisation nennt, in ihre Mitte einzuführen

Het dwingt hen om wat het beschaving noemt in hun midden te introduceren

Die Bourgeoisie zwingt die Barbaren, selbst zur Bourgeoisie zu werden

De bourgeoisie dwingt de barbaren om zelf bourgeoisie te worden

mit einem Wort, die Bourgeoisie schafft sich eine Welt nach ihrem Bilde

in één woord, de bourgeoisie schept een wereld naar haar eigen beeld

Die Bourgeoisie hat das Land der Herrschaft der Städte unterworfen

De bourgeoisie heeft het platteland onderworpen aan de heerschappij van de steden

Sie hat riesige Städte geschaffen und die Stadtbevölkerung stark vergrößert

Het heeft enorme steden gecreëerd en de stedelijke bevolking enorm vergroot

Sie rettete einen beträchtlichen Teil der Bevölkerung vor der Idiotie des Landlebens

Het redde een aanzienlijk deel van de bevolking van de idiotie van het plattelandsleven

Aber sie hat die Menschen auf dem Lande von den Städten abhängig gemacht

Maar het heeft de mensen op het platteland afhankelijk gemaakt van de steden

Und ebenso hat sie die barbarischen Länder von den zivilisierten abhängig gemacht

En evenzo heeft het de barbaarse landen afhankelijk gemaakt van de beschaafde landen

Bauernnationen gegen Völker der Bourgeoisie, Osten gegen Westen

naties van boeren op naties van bourgeoisie, het Oosten op het Westen

Die Bourgeoisie beseitigt den zerstreuten Zustand der Bevölkerung mehr und mehr

De bourgeoisie rekent steeds meer af met de versnipperde staat van de bevolking

Sie hat die Produktion agglomeriert und das Eigentum in wenigen Händen konzentriert

Het heeft een geagglomereerde productie en heeft eigendom geconcentreerd in een paar handen

Die notwendige Konsequenz daraus war eine politische Zentralisierung

Het noodzakelijke gevolg hiervan was politieke centralisatie

Es gab unabhängige Nationen und lose miteinander verbundene Provinzen

Er waren onafhankelijke naties geweest en losjes met elkaar verbonden provincies

Sie hatten getrennte Interessen, Gesetze, Regierungen und Steuersysteme

Ze hadden afzonderlijke belangen, wetten, regeringen en belastingstelsels

Aber sie sind zu einer Nation zusammengeschmolzen, mit einer Regierung

Maar ze zijn op één hoop gegooid tot één natie, met één regering

Sie haben jetzt ein nationales Klasseninteresse, eine Grenze und einen Zolltarif

Zij hebben nu één nationaal klassenbelang, één grens en één douanetarief

Und dieses nationale Klasseninteresse ist unter einem Gesetzbuch vereinigt

En dit nationale klassenbelang is verenigd onder één wetboek

die Bourgeoisie hat während ihrer knapp hundertjährigen Herrschaft viel erreicht

de bourgeoisie heeft veel bereikt tijdens haar heerschappij van nauwelijks honderd jaar

**massivere und kolossalere Produktivkräfte als alle
vorhergehenden Generationen zusammen**
massievere en kolossale productiekrachten dan alle
voorgaande generaties samen
**Die Kräfte der Natur sind dem Willen des Menschen und
seiner Maschinerie unterworfen**
De krachten van de natuur zijn onderworpen aan de wil van
de mens en zijn machinerie
**Die Chemie wird auf alle Industrieformen und
Landwirtschaftsformen angewendet**
Chemie wordt toegepast op alle vormen van industrie en
soorten landbouw
**Dampfschiffahrt, Eisenbahnen, elektrische Telegraphen und
die Druckerpresse**
stoomvaart, spoorwegen, elektrische telegrafen en de
boekdrukkunst
**Rodung ganzer Kontinente für den Anbau, Kanalisierung
von Flüssen**
ontginning van hele continenten voor bebouwing, kanalisatie
van rivieren
**ganze Populationen wurden aus dem Boden gezaubert und
an die Arbeit gebracht**
Hele bevolkingsgroepen zijn uit de grond getoverd en aan het
werk gezet
**Welches frühere Jahrhundert hatte auch nur eine Ahnung
von dem, was entfesselt werden könnte?**
Welke vorige eeuw had zelfs maar een voorgevoel van wat er
ontketend zou kunnen worden?
**Wer hat vorausgesagt, dass solche Produktivkräfte im Schoß
der gesellschaftlichen Arbeit schlummern?**
Wie had voorspeld dat zulke productiekrachten in de schoot
van de maatschappelijke arbeid sluimerden?
**Wir sehen also, daß die Produktions- und Tauschmittel in
der feudalen Gesellschaft erzeugt wurden**
We zien dus dat de productie- en ruilmiddelen in de feodale
maatschappij werden voortgebracht

die Produktionsmittel, auf deren Grundlage sich die Bourgeoisie aufbaute

de productiemiddelen, op wier fundament de bourgeoisie zich bouwde

Auf einer bestimmten Stufe der Entwicklung dieser Produktions- und Tauschmittel

In een bepaald stadium van de ontwikkeling van deze productie- en ruilmiddelen

die Bedingungen, unter denen die feudale Gesellschaft produzierte und tauschte

de omstandigheden waaronder de feodale maatschappij produceerde en ruilde

Die feudale Organisation der Landwirtschaft und des verarbeitenden Gewerbes

De feodale organisatie van landbouw en verwerkende industrie

Die feudalen Eigentumsverhältnisse waren mit den materiellen Verhältnissen nicht mehr vereinbar

De feodale eigendomsverhoudingen waren niet meer verenigbaar met de materiële verhoudingen

Sie mussten gesprengt werden, also wurden sie auseinandergesprengt

Ze moesten worden opengebarsten, dus werden ze uit elkaar gebarsten

An ihre Stelle trat die freie Konkurrenz der Produktivkräfte

Daarvoor in de plaats kwam de vrije concurrentie van de productiekrachten

Und sie wurden von einer ihr angepassten sozialen und politischen Verfassung begleitet

en ze gingen vergezeld van een sociale en politieke grondwet die daaraan was aangepast

und sie wurde begleitet von der ökonomischen und politischen Herrschaft der Bourgeoisie Klasse

en het ging gepaard met de economische en politieke heerschappij van de bourgeoisie

Eine ähnliche Bewegung vollzieht sich vor unseren eigenen Augen

Een soortgelijke beweging is voor onze eigen ogen gaande

Die moderne Bourgeoisie Gesellschaft mit ihren Produktions-, Tausch- und Eigentumsverhältnissen

De moderne burgerlijke maatschappij met haar productie-, ruil- en eigendomsverhoudingen

eine Gesellschaft, die so gigantische Produktions- und Tauschmittel heraufbeschworen hat

een samenleving die zulke gigantische productie- en ruilmiddelen heeft tevoorschijn getoverd

Es ist wie der Zauberer, der die Mächte der Unterwelt heraufbeschworen hat

Het is als de tovenaar die de krachten van de onderwereld opriep

Aber er ist nicht mehr in der Lage, zu kontrollieren, was er in die Welt gebracht hat

Maar hij is niet langer in staat om te controleren wat hij in de wereld heeft gebracht

Viele Jahrzehnte lang war die vergangene Geschichte durch einen roten Faden miteinander verbunden

Gedurende vele decennia was de geschiedenis van het verleden met elkaar verbonden door een gemeenschappelijke draad

Die Geschichte der Industrie und des Handels ist nichts anderes als die Geschichte der Revolten

De geschiedenis van de industrie en de handel is slechts de geschiedenis van de opstanden geweest

die Revolten der modernen Produktivkräfte gegen die modernen Produktionsbedingungen

De opstanden van de moderne productiekrachten tegen de moderne productieverhoudingen

die Revolten der modernen Produktivkräfte gegen die Eigentumsverhältnisse

De opstanden van de moderne productiekrachten tegen de eigendomsverhoudingen

diese Eigentumsverhältnisse sind die Bedingungen für die Existenz der Bourgeoisie

deze eigendomsverhoudingen zijn de voorwaarden voor het bestaan van de bourgeoisie

und die Existenz der Bourgeoisie bestimmt die Regeln der Eigentumsverhältnisse

en het bestaan van de bourgeoisie bepaalt de regels voor de eigendomsverhoudingen

Es genügt, die periodische Wiederkehr von Handelskrisen zu erwähnen

Het is voldoende om de periodieke terugkeer van commerciële crises te vermelden

jede Handelskrise ist für die Bourgeoisie Gesellschaft bedrohlicher als die letzte

de ene commerciële crisis is bedreigender voor de bourgeoisie dan de vorige

In diesen Krisen wird ein großer Teil der bestehenden Produkte vernichtet

In deze crises wordt een groot deel van de bestaande producten vernietigd

Diese Krisen zerstören aber auch die zuvor geschaffenen Produktivkräfte

Maar deze crises vernietigen ook de eerder gecreëerde productiekrachten

In allen früheren Epochen wären diese Epidemien als Absurdität erschienen

In alle vroegere tijdperken zouden deze epidemieën een absurditeit hebben geleken

denn diese Epidemien sind die kommerziellen Krisen der Überproduktion

Omdat deze epidemieën de commerciële crises van overproductie zijn

Die Gesellschaft befindet sich plötzlich wieder in einem Zustand der momentanen Barbarei

De samenleving bevindt zich plotseling weer in een staat van kortstondige barbaarsheid

als ob ein allgemeiner Verwüstungskrieg jede Möglichkeit des Lebensunterhalts abgeschnitten hätte

Alsof een universele verwoestingsoorlog alle middelen van bestaan had afgesneden

Industrie und Handel scheinen zerstört worden zu sein; Und warum?

industrie en handel lijken te zijn vernietigd; En waarom?

Weil es zu viel Zivilisation und Subsistenzmittel gibt

Omdat er te veel beschaving en bestaansmiddelen zijn

Und weil es zu viel Industrie und zu viel Handel gibt

En omdat er te veel industrie is, en te veel commercie

Die Produktivkräfte, die der Gesellschaft zur Verfügung stehen, entwickeln nicht mehr das Bourgeoisie Eigentum

De productiekrachten die de maatschappij ter beschikking staan, ontwikkelen niet langer het eigendom van de bourgeoisie

im Gegenteil, sie sind zu mächtig geworden für diese Verhältnisse, durch die sie gefesselt sind

Integendeel, ze zijn te machtig geworden voor deze omstandigheden, waardoor ze worden geketend

sobald sie diese Fesseln überwunden haben, bringen sie Unordnung in die ganze Bourgeoisie Gesellschaft

zodra ze deze boeien overwinnen, brengen ze wanorde in de hele burgerlijke maatschappij

und die Produktivkräfte gefährden die Existenz des Bourgeoisie Eigentums

en de productiekrachten brengen het bestaan van de bourgeoisie in gevaar

Die Bedingungen der Bourgeoisie Gesellschaft sind zu eng, um den von ihnen geschaffenen Reichtum zu erfassen

De voorwaarden van de burgerlijke maatschappij zijn te eng om de door hen gecreëerde rijkdom te omvatten

Und wie überwindet die Bourgeoisie diese Krisen?

En hoe komt de bourgeoisie over deze crises heen?

Einerseits überwindet sie diese Krisen durch die erzwungene Vernichtung einer Masse von Produktivkräften

Aan de ene kant overwint het deze crises door de gedwongen vernietiging van een massa productiekrachten

Andererseits überwindet sie diese Krisen durch die Eroberung neuer Märkte

Aan de andere kant overwint het deze crises door de verovering van nieuwe markten

Und sie überwindet diese Krisen durch die gründlichere Ausbeutung der alten Produktivkräfte

En het overwint deze crises door een grondiger exploitatie van de oude productiekrachten

Das heißt, indem sie den Weg für umfangreichere und zerstörerischere Krisen ebnen

Dat wil zeggen, door de weg vrij te maken voor uitgebreidere en destructievere crises

Sie überwindet die Krise, indem sie die Mittel zur Krisenprävention einschränkt

Het overwint de crisis door de middelen waarmee crises worden voorkomen te verminderen

Die Waffen, mit denen die Bourgeoisie den Feudalismus zu Fall brachte, sind jetzt gegen sich selbst gerichtet

De wapens, waarmede de bourgeoisie het feodalisme ten gronde heeft gedolven, keren zich nu tegen haar

Aber die Bourgeoisie hat nicht nur die Waffen geschmiedet, die sich selbst den Tod bringen

Maar niet alleen heeft de bourgeoisie de wapens gesmeed die de dood over zichzelf brengen

Sie hat auch die Männer ins Leben gerufen, die diese Waffen führen sollen

Het heeft ook de mannen in het leven geroepen die deze wapens moeten hanteren

Und diese Männer sind die moderne Arbeiterklasse; Sie sind die Proletarier

En deze mannen zijn de moderne arbeidersklasse; Zij zijn de proletariërs

In dem Maße, wie die Bourgeoisie entwickelt ist, entwickelt sich auch das Proletariat

Naarmate de bourgeoisie zich ontwikkelt, ontwikkelt zich ook
het proletariaat

**Die moderne Arbeiterklasse entwickelte eine Klasse von
Arbeitern**

De moderne arbeidersklasse ontwikkelde een klasse van
arbeiders

**Diese Klasse von Arbeitern lebt nur so lange, wie sie Arbeit
findet**

Deze klasse van arbeiders leeft slechts zolang ze werk vinden

**Und sie finden nur so lange Arbeit, wie ihre Arbeit das
Kapital vermehrt**

En ze vinden alleen werk zolang hun arbeid het kapitaal
verhoogt

**Diese Arbeiter, die sich stückweise verkaufen müssen, sind
eine Ware**

Deze arbeiders, die zich stukje bij beetje moeten verkopen, zijn
handelswaar

Diese Arbeiter sind wie jeder andere Handelsartikel

Deze arbeiders zijn net als elk ander handelsartikel

**und sie sind folglich allen Wechselfällen des Wettbewerbs
ausgesetzt**

en ze staan dus bloot aan alle wisselvalligheden van de
concurrentie

Sie müssen alle Schwankungen des Marktes überstehen

Ze moeten alle schommelingen van de markt doorstaan

**Aufgrund des umfangreichen Maschineneinsatzes und der
Arbeitsteilung**

Door het uitgebreide gebruik van machines en de
arbeidsdeling

**Die Arbeit der Proletarier hat jeden individuellen Charakter
verloren**

Het werk van de proletariërs heeft elk individueel karakter
verloren

**Und folglich hat die Arbeit der Proletarier für den Arbeiter
jeden Reiz verloren**

En dientengevolge heeft het werk van de proletariërs alle
bekoring voor de arbeider verloren

**Er wird zu einem Anhängsel der Maschine und nicht mehr
zu dem Mann, der er einmal war**

Hij wordt een aanhangsel van de machine, in plaats van de
man die hij ooit was

**Nur das einfachste, eintönigste und am leichtesten zu
erwerbende Geschick wird von ihm verlangt**

Alleen de meest eenvoudige, eentonige en gemakkelijkst te
verwerven vaardigheid wordt van hem verlangd

Daher sind die Produktionskosten eines Arbeiters begrenzt

Daarom zijn de productiekosten van een arbeider beperkt

**sie beschränkt sich fast ausschließlich auf die Mittel zur
Bestreitung des Lebensunterhalts, die er zu seinem
Unterhalt benötigt**

het is bijna volledig beperkt tot de middelen van bestaan die
hij nodig heeft voor zijn levensonderhoud

**und sie beschränkt sich auf die Subsistenzmittel, die er zur
Fortpflanzung seiner Rasse benötigt**

en het is beperkt tot de middelen van bestaan die hij nodig
heeft voor de voortplanting van zijn ras

**Aber der Preis einer Ware, also auch der Arbeit, ist gleich
ihren Produktionskosten**

Maar de prijs van een waar, en dus ook van arbeid, is gelijk
aan haar productiekosten

**In dem Maße also, wie die Widerwärtigkeit der Arbeit
zunimmt, sinkt der Lohn**

Naarmate de weerzinwekkendheid van het werk toeneemt,
daalt dus het loon

**Ja, die Widerwärtigkeit seiner Arbeit nimmt sogar noch
mehr zu**

Ja, de weerzinwekkendheid van zijn werk neemt nog sneller
toe

**In dem Maße, wie der Einsatz von Maschinen und die
Arbeitsteilung zunehmen, steigt auch die Last der Arbeit**

Naarmate het gebruik van machines en de arbeidsdeling
toeneemt, neemt ook de last van het zwoegen toe

**Die Arbeitsbelastung wird durch die Verlängerung der
Arbeitszeit erhöht**

De last van het zwoegen wordt verhoogd door verlenging van
de werktijden

**Dem Arbeiter wird in der gleichen Zeit mehr zugemutet als
zuvor**

Er wordt meer van de arbeider verwacht in dezelfde tijd als
voorheen

**Und natürlich wird die Last der Arbeit durch die
Geschwindigkeit der Maschinerie erhöht**

En natuurlijk wordt de last van het zwoegen verhoogd door
de snelheid van de machines

**Die moderne Industrie hat die kleine Werkstatt des
patriarchalischen Meisters in die große Fabrik des
industriellen Kapitalisten verwandelt**

De moderne industrie heeft de kleine werkplaats van de
patriarchale meester veranderd in de grote fabriek van de
industriële kapitalist

**Massen von Arbeitern, die in die Fabrik gedrängt sind, sind
wie Soldaten organisiert**

Massa's arbeiders, opeengepakt in de fabriek, zijn
georganiseerd als soldaten

**Als Gefreite der Industriearmee stehen sie unter dem
Kommando einer vollkommenen Hierarchie von Offizieren
und Unteroffizieren**

Als soldaten van het industriële leger worden ze onder het
bevel geplaatst van een perfecte hiërarchie van officieren en
sergeanten

**sie sind nicht nur die Sklaven der Bourgeoisie und des
Staates**

zij zijn niet alleen de slaven van de bourgeoisieklasse en de
staat

**Aber sie werden auch täglich und stündlich von der
Maschine versklavt**

Maar ze worden ook dagelijks en elk uur tot slaaf gemaakt
door de machine

**sie sind Sklaven des Aufsehers und vor allem des einzelnen
Bourgeoisie Fabrikanten selbst**

zij worden tot slaaf gemaakt door de opzichter en vooral door
de individuele bourgeoisiefabrikant zelf

**Je offener dieser Despotismus den Gewinn als seinen Zweck
und sein Ziel proklamiert, desto kleinlicher, verhaßter und
verbitterender ist er**

Hoe openlijker dit despotisme winst als doel en doel
verkondigt, hoe kleinzieliger, hoe hatelijker en verbitterender
het is

**Je mehr sich die moderne Industrie entwickelt, desto
geringer sind die Unterschiede zwischen den Geschlechtern**

Hoe moderner de industrie zich ontwikkelt, des te kleiner zijn
de verschillen tussen de seksen

**Je geringer die Geschicklichkeit und Kraftanstrengung der
Handarbeit ist, desto mehr wird die Arbeit der Männer von
der der Frauen verdrängt**

Hoe minder de vaardigheid en de krachtsinspanning van
handenarbeid zijn, des te meer wordt de arbeid van mannen
vervangen door die van vrouwen

**Alters- und Geschlechtsunterschiede haben für die
Arbeiterklasse keine besondere gesellschaftliche Gültigkeit
mehr**

Verschillen in leeftijd en geslacht hebben geen
onderscheidende sociale geldigheid meer voor de
arbeidersklasse

**Alle sind Arbeitsinstrumente, die je nach Alter und
Geschlecht mehr oder weniger teuer zu gebrauchen sind**

Het zijn allemaal arbeidswerktuigen, meer of minder duur in
gebruik, afhankelijk van hun leeftijd en geslacht

**sobald der Arbeiter seinen Lohn in bar erhält, wird er von
den übrigen Teilen der Bourgeoisie angegriffen**

zodra de arbeider zijn loon in contanten ontvangt, dan wordt hij door de andere delen van de bourgeoisie in dienst genomen

der Vermieter, der Ladenbesitzer, der Pfandleiher usw

de huisbaas, de winkelier, de pandjesbaas, enz

Die unteren Schichten der Mittelschicht; die kleinen Handwerker und Ladenbesitzer

De onderste lagen van de middenklasse; de kleine ambachtslieden en winkeliers

die pensionierten Gewerbetreibenden überhaupt, die Handwerker und Bauern

de gepensioneerde handelaars in het algemeen, en de handwerkslieden en boeren

all dies sinkt allmählich in das Proletariat ein

al deze dingen zinken geleidelijk weg in het proletariaat

theils deshalb, weil ihr winziges Kapital nicht ausreicht für den Maßstab, in dem die moderne Industrie betrieben wird

deels omdat hun geringe kapitaal niet voldoende is voor de schaal waarop de moderne industrie wordt uitgeoefend

und weil sie in der Konkurrenz mit den Großkapitalisten überschwemmt wird

en omdat het wordt overspoeld door de concurrentie met de grote kapitalisten

zum Teil deshalb, weil ihr spezialisiertes Können durch die neuen Produktionsmethoden wertlos wird

deels omdat hun gespecialiseerde vaardigheid waardeloos wordt door de nieuwe productiemethoden

So rekrutiert sich das Proletariat aus allen Klassen der Bevölkerung

Het proletariaat wordt dus gerekruteerd uit alle klassen van de bevolking

Das Proletariat durchläuft verschiedene Entwicklungsstufen

Het proletariaat doorloopt verschillende stadia van ontwikkeling

Mit ihrer Geburt beginnt der Kampf mit der Bourgeoisie

Met zijn geboorte begint zijn strijd met de bourgeoisie

Zuerst wird der Kampf von einzelnen Arbeitern geführt
In eerste instantie wordt de wedstrijd gevoerd door
individuele arbeiders
**Dann wird der Kampf von den Arbeitern einer Fabrik
ausgetragen**
Vervolgens wordt de wedstrijd voortgezet door de arbeiders
van een fabriek
**Dann wird der Kampf von den Arbeitern eines Gewerbes an
einem Ort ausgetragen**
Vervolgens wordt de wedstrijd voortgezet door de arbeiders
van één ambacht, in één plaats
**und der Kampf richtet sich dann gegen die einzelne
Bourgeoisie, die sie direkt ausbeutet**
en de strijd is dan tegen de individuele bourgeoisie die ze
rechtstreeks uitbuit
**Sie richten ihre Angriffe nicht gegen die Bourgeoisie
Produktionsbedingungen**
Zij richten hun aanvallen niet op de productieverhoudingen
van de bourgeoisie
**aber sie richten ihren Angriff gegen die Produktionsmittel
selbst**
Maar ze richten hun aanval op de productiemiddelen zelf
**Sie vernichten importierte Waren, die mit ihrer Arbeitskraft
konkurrieren**
Ze vernietigen geïmporteerde waren die concurreren met hun
arbeid
Sie zertrümmern Maschinen und setzen Fabriken in Brand
Ze slaan machines aan stukken en ze steken fabrieken in
brand
**sie versuchen, den verschwundenen Status des Arbeiters des
Mittelalters mit Gewalt wiederherzustellen**
ze proberen met geweld de verdwenen status van de arbeider
uit de Middeleeuwen te herstellen
**In diesem Stadium bilden die Arbeiter noch eine
unzusammenhängende Masse, die über das ganze Land
verstreut ist**

In dit stadium vormen de arbeiders nog steeds een
onsamenhangende massa, verspreid over het hele land

**und sie werden durch ihre gegenseitige Konkurrenz
zerrissen**

En ze worden uiteengevallen door hun onderlinge
concurrentie

**Wenn sie sich irgendwo zu kompakteren Körpern
vereinigen, so ist dies noch nicht die Folge ihrer eigenen
aktiven Vereinigung**

Als ze zich ergens verenigen om compactere lichamen te
vormen, is dit nog niet het gevolg van hun eigen actieve
vereniging

**aber es ist eine Folge der Vereinigung der Bourgeoisie, ihre
eigenen politischen Ziele zu erreichen**

maar het is een gevolg van de vereniging van de bourgeoisie,
om haar eigen politieke doelen te bereiken

**die Bourgeoisie ist gezwungen, das ganze Proletariat in
Bewegung zu setzen**

de bourgeoisie is genoodzaakt het gehele proletariaat in
beweging te zetten

**und überdies ist die Bourgeoisie eine Zeitlang dazu in der
Lage**

en bovendien kan de bourgeoisie dat voorlopig doen

**In diesem Stadium kämpfen die Proletarier also nicht gegen
ihre Feinde**

In dit stadium bestrijden de proletariërs hun vijanden dus niet

Stattdessen kämpfen sie gegen die Feinde ihrer Feinde

Maar in plaats daarvan vechten ze tegen de vijanden van hun
vijanden

**Der Kampf gegen die Überreste der absoluten Monarchie
und die Großgrundbesitzer**

de strijd tegen de restanten van de absolute monarchie en de
grootgrondbezitters

**sie bekämpfen die nicht-industrielle Bourgeoisie; das
Kleiliche Bourgeoisie**

ze bestrijden de niet-industriële bourgeoisie; de kleinburgerij

So ist die ganze historische Bewegung in den Händen der Bourgeoisie konzentriert

Zo is de gehele historische beweging geconcentreerd in de handen van de bourgeoisie

jeder so errungene Sieg ist ein Sieg der Bourgeoisie

elke aldus behaalde overwinning is een overwinning voor de bourgeoisie

Aber mit der Entwicklung der Industrie wächst nicht nur die Zahl des Proletariats

Maar met de ontwikkeling van de industrie neemt het proletariaat niet alleen in aantal toe

das Proletariat konzentriert sich in größeren Massen und seine Kraft wächst

het proletariaat concentreert zich in grotere massa's en zijn kracht groeit

und das Proletariat spürt diese Kraft mehr und mehr

en het proletariaat voelt die kracht meer en meer

Die verschiedenen Interessen und Lebensbedingungen in den Reihen des Proletariats gleichen sich mehr und mehr an

De verschillende belangen en levensomstandigheden binnen de gelederen van het proletariaat worden steeds meer op elkaar afgestemd

sie werden in dem Maße größer, wie die Maschinerie alle Unterschiede der Arbeit verwischt

Ze worden meer in verhouding naarmate de machinerie alle verschillen in arbeid uitwist

Und die Maschinen senken fast überall die Löhne auf das gleiche niedrige Niveau

En machines verlagen bijna overal de lonen tot hetzelfde lage niveau

Die wachsende Konkurrenz der Bourgeoisie und die daraus resultierenden Handelskrisen lassen die Löhne der Arbeiter immer schwankender

De toenemende concurrentie tussen de bourgeoisie en de daaruit voortvloeiende commerciële crises doen de lonen van de arbeiders steeds meer fluctueren

Die unaufhörliche Verbesserung der sich immer schneller entwickelnden Maschinen macht ihren Lebensunterhalt immer prekärer

De onophoudelijke verbetering van de machines, die zich steeds sneller ontwikkelen, maakt hun levensonderhoud steeds onzekerder

die Kollisionen zwischen einzelnen Arbeitern und einzelnen Bourgeoisien nehmen immer mehr den Charakter von Zusammenstößen zwischen zwei Klassen an

de botsingen tussen individuele arbeiders en individuele bourgeoisie krijgen meer en meer het karakter van botsingen tussen twee klassen

Darauf beginnen die Arbeiter, sich gegen die Bourgeoisie zu verbünden (Gewerkschaften)

Daarop beginnen de arbeiders zich te verenigen (vakbonden) tegen de bourgeoisie

Sie schließen sich zusammen, um die Löhne hoch zu halten

Ze slaan de handen ineen om de lonen op peil te houden

sie gründeten ständige Vereinigungen, um für diese gelegentlichen Revolten im voraus Vorsorge zu treffen

Zij richtten permanente verenigingen op om van tevoren voorzieningen te treffen voor deze incidentele opstanden

Hier und da bricht der Wettkampf in Ausschreitungen aus

Hier en daar ontaardt de wedstrijd in rellen

Hin und wieder siegen die Arbeiter, aber nur für eine gewisse Zeit

Af en toe zegevieren de arbeiders, maar slechts voor een tijd

Die wirkliche Frucht ihrer Kämpfe liegt nicht in den unmittelbaren Ergebnissen, sondern in der immer größer werdenden Vereinigung der Arbeiter

De werkelijke vrucht van hun strijd ligt niet in het onmiddellijke resultaat, maar in de steeds groter wordende vakbond van de arbeiders

Diese Vereinigung wird durch die verbesserten Kommunikationsmittel unterstützt, die von der modernen Industrie geschaffen werden

Deze unie wordt geholpen door de verbeterde
communicatiemiddelen die door de moderne industrie zijn
gecreëerd

**Die moderne Kommunikation bringt die Arbeiter
verschiedener Orte miteinander in Kontakt**

Moderne communicatie brengt de arbeiders van verschillende
plaatsen met elkaar in contact

**Es war gerade dieser Kontakt, der nötig war, um die
zahlreichen lokalen Kämpfe zu einem nationalen Kampf
zwischen den Klassen zu zentralisieren**

Het was precies dit contact dat nodig was om de talrijke lokale
strijd te centraliseren tot één nationale strijd tussen de klassen

**Alle diese Kämpfe haben den gleichen Charakter, und jeder
Klassenkampf ist ein politischer Kampf**

Al deze strijden hebben hetzelfde karakter en elke
klassenstrijd is een politieke strijd

**die Bürger des Mittelalters mit ihren elenden Landstraßen
brauchten Jahrhunderte, um ihre Vereinigungen zu bilden**

de burgers van de Middeleeuwen, met hun ellendige
snelwegen, hadden eeuwen nodig om hun vakbonden te
vormen

**Die modernen Proletarier erreichen dank der Eisenbahn ihre
Gewerkschaften innerhalb weniger Jahre**

De moderne proletariërs bereiken, dank zij de spoorwegen,
binnen enkele jaren hun vakbonden

**Diese Organisation der Proletarier zu einer Klasse formte sie
folglich zu einer politischen Partei**

Deze organisatie van de proletariërs tot een klasse vormde hen
dus tot een politieke partij

**Die politische Klasse wird immer wieder durch die
Konkurrenz zwischen den Arbeitern selbst verärgert**

De politieke klasse wordt voortdurend opnieuw van streek
gemaakt door de concurrentie tussen de arbeiders onderling

**Aber die politische Klasse erhebt sich weiter, stärker, fester,
mächtiger**

Maar de politieke klasse blijft weer opstaan, sterker, steviger, machtiger

Er zwingt zur gesetzgeberischen Anerkennung der besonderen Interessen der Arbeitnehmer

Het dwingt de wetgever tot erkenning van de bijzondere belangen van de werknemers

sie tut dies, indem sie sich die Spaltungen innerhalb der Bourgeoisie selbst zunutze macht

zij doet dit door gebruik te maken van de verdeeldheid onder de bourgeoisie zelf

Damit wurde das Zehnstundengesetz in England in Kraft gesetzt

Zo werd de tienurenwet in Engeland in wet omgezet

in vielerlei Hinsicht ist der Zusammenstoß zwischen den Klassen der alten Gesellschaft ferner der Entwicklungsgang des Proletariats

in veel opzichten is de botsing tussen de klassen van de oude maatschappij verder de ontwikkelingskoers van het proletariaat

Die Bourgeoisie befindet sich in einem ständigen Kampf

De bourgeoisie is verwikkeld in een voortdurende strijd

Zuerst wird sie sich in einem ständigen Kampf mit der Aristokratie wiederfinden

In het begin zal het verwikkeld raken in een constante strijd met de aristocratie

später wird sie sich in einem ständigen Kampf mit diesen Teilen der Bourgeoisie selbst wiederfinden

later zal zij verwikkeld raken in een voortdurende strijd met die delen van de bourgeoisie zelf

und ihre Interessen werden dem Fortschritt der Industrie entgegengesetzt sein

en hun belangen zullen vijandig zijn geworden tegenover de vooruitgang van de industrie

zu allen Zeiten werden ihre Interessen mit der Bourgeoisie fremder Länder in Konflikt geraten sein

te allen tijde zullen hun belangen vijandig zijn geworden met de bourgeoisie van het buitenland

In allen diesen Kämpfen sieht sie sich genötigt, an das Proletariat zu appellieren, und bittet es um Hilfe

In al deze gevechten ziet zij zich genoodzaakt een beroep te doen op het proletariaat en vraagt haar om hulp

Und so wird sie sich gezwungen sehen, sie in die politische Arena zu zerren

En dus zal het zich gedwongen voelen om het in de politieke arena te slepen

Die Bourgeoisie selbst versorgt also das Proletariat mit ihren eigenen Instrumenten der politischen und allgemeinen Erziehung

De bourgeoisie zelf verschaft het proletariaat dus haar eigen instrumenten voor politieke en algemene opvoeding

mit anderen Worten, sie liefert dem Proletariat Waffen für den Kampf gegen die Bourgeoisie

met andere woorden, het verschaft het proletariaat wapens om de bourgeoisie te bestrijden

Ferner werden, wie wir schon gesehen haben, ganze Schichten der herrschenden Klassen in das Proletariat hineingestürzt

Verder worden, zoals we al zagen, hele delen van de heersende klassen in het proletariaat gestort

der Fortschritt der Industrie saugt sie in das Proletariat hinein

de opmars van de industrie zuigt hen in het proletariaat

oder zumindest sind sie in ihren Existenzbedingungen bedroht

Of ze worden in ieder geval bedreigd in hun bestaansomstandigheden

Diese versorgen auch das Proletariat mit frischen Elementen der Aufklärung und des Fortschritts

Deze voorzien het proletariaat ook van nieuwe elementen van verlichting en vooruitgang

Endlich, in Zeiten, in denen sich der Klassenkampf der entscheidenden Stunde nähert

Tenslotte, in tijden waarin de klassenstrijd het beslissende uur nadert

Der Auflösungsprozess innerhalb der herrschenden Klasse

het proces van ontbinding dat gaande is binnen de heersende klasse

In der Tat wird die Auflösung, die sich innerhalb der herrschenden Klasse vollzieht, in der gesamten Bandbreite der Gesellschaft zu spüren sein

In feite zal de ontbinding die binnen de heersende klasse aan de gang is, voelbaar zijn in het hele bereik van de samenleving

Sie wird einen so gewalttätigen, krassen Charakter annehmen, dass ein kleiner Teil der herrschenden Klasse sich selbst abtreibt

Het zal zo'n gewelddadig, in het oog springend karakter krijgen, dat een klein deel van de heersende klasse zich op drift snijdt

Und diese herrschende Klasse wird sich der revolutionären Klasse anschließen

En die heersende klasse zal zich aansluiten bij de revolutionaire klasse

Die revolutionäre Klasse ist die Klasse, die die Zukunft in ihren Händen hält

De revolutionaire klasse is de klasse die de toekomst in handen heeft

Wie in früheren Zeiten ging ein Teil des Adels zur Bourgeoisie über

Net als in een vroegere periode ging een deel van de adel over naar de bourgeoisie

ebenso wird ein Teil der Bourgeoisie zum Proletariat übergehen

op dezelfde manier zal een deel van de bourgeoisie overgaan naar het proletariaat

insbesondere wird ein Teil der Bourgeoisie zu einem Teil der Bourgeoisie Ideologen übergehen

in het bijzonder zal een deel van de bourgeoisie overgaan naar
een deel van de bourgeoisie-ideologen

**Bourgeoisie Ideologen, die sich auf die Ebene erhoben
haben, die historische Bewegung als Ganzes theoretisch zu
begreifen**

Bourgeoisie-ideologen die zichzelf hebben verheven tot het
niveau van het theoretisch begrijpen van de historische
beweging als geheel

**Von allen Klassen, die heute der Bourgeoisie
gegenüberstehen, ist das Proletariat allein eine wirklich
revolutionäre Klasse**

Van alle klassen die vandaag de dag tegenover de bourgeoisie
staan, is alleen het proletariaat een werkelijk revolutionaire
klasse

**Die anderen Klassen zerfallen und verschwinden
schließlich im Angesicht der modernen Industrie**

De andere klassen vervallen en verdwijnen uiteindelijk in het
aangezicht van de moderne industrie

das Proletariat ist ihr besonderes und wesentliches Produkt

het proletariaat is zijn bijzonder en essentieel product

**Die untere Mittelschicht, der kleine Fabrikant, der
Ladenbesitzer, der Handwerker, der Bauer**

De lagere middenklasse, de kleine fabrikant, de winkelier, de
ambachtsman, de boer

all diese Kämpfe gegen die Bourgeoisie

al deze strijden tegen de bourgeoisie

**Sie kämpfen als Fraktionen der Mittelschicht, um sich vor
dem Aussterben zu retten**

Ze vechten als fracties van de middenklasse om zichzelf voor
uitsterven te behoeden

Sie sind also nicht revolutionär, sondern konservativ

Ze zijn dus niet revolutionair, maar conservatief

**Ja, mehr noch, sie sind reaktionär, denn sie versuchen, das
Rad der Geschichte zurückzudrehen**

Sterker nog, ze zijn reactionair, want ze proberen het wiel van
de geschiedenis terug te draaien

Wenn sie zufällig revolutionär sind, so sind sie es nur im Hinblick auf ihre bevorstehende Überführung in das Proletariat

Als ze toevallig revolutionair zijn, dan zijn ze dat alleen met het oog op hun op handen zijnde overgang naar het proletariaat

Sie verteidigen also nicht ihre gegenwärtigen, sondern ihre zukünftigen Interessen

Zij verdedigen dus niet hun huidige, maar hun toekomstige belangen

sie verlassen ihren eigenen Standpunkt, um sich auf den des Proletariats zu stellen

zij verlaten hun eigen standpunt om zich te schikken naar dat van het proletariaat

Die »gefährliche Klasse«, der soziale Abschaum, diese passiv verrottende Masse, die von den untersten Schichten der alten Gesellschaft abgeworfen wird

De 'gevaarlijke klasse', het sociale tuig, die passief rottende massa die door de onderste lagen van de oude samenleving is afgeworpen

sie können hier und da von einer proletarischen Revolution in die Bewegung hineingerissen werden

Ze kunnen hier en daar door een proletarische revolutie in de beweging worden meegesleurd

Seine Lebensbedingungen bereiten ihn jedoch viel mehr auf die Rolle eines bestochenen Werkzeugs reaktionärer Intrigen vor

Zijn levensomstandigheden bereiden hem echter veel meer voor op de rol van een omgekocht werktuig van reactionaire intriges

In den Verhältnissen des Proletariats sind die Verhältnisse der alten Gesellschaft im Allgemeinen bereits praktisch überschwemmt

In de omstandigheden van het proletariaat zijn die van de oude maatschappij in het algemeen al praktisch overspoeld

Der Proletarier ist ohne Eigentum

De proletariër is zonder eigendom
**sein Verhältnis zu Frau und Kindern hat mit den
Familienverhältnissen der Bourgeoisie nichts mehr gemein**
zijn verhouding tot zijn vrouw en kinderen heeft niets meer
gemeen met de familieverhoudingen van de bourgeoisie
**moderne industrielle Arbeit, moderne Unterwerfung unter
das Kapital, dasselbe in England wie in Frankreich, in
Amerika wie in Deutschland**
moderne industriële arbeid, moderne onderwerping aan het
kapitaal, in Engeland hetzelfde als in Frankrijk, in Amerika als
in Duitsland
**Seine Stellung in der Gesellschaft hat ihm jede Spur von
nationalem Charakter genommen**
Zijn maatschappelijke toestand heeft hem ontdaan van elk
spoor van nationaal karakter
**Gesetz, Moral, Religion sind für ihn so viele Bourgeoisie
Vorurteile**
Recht, moraal, religie, zijn voor hem evenzovele vooroordelen
van de bourgeoisie
**und hinter diesen Vorurteilen lauern ebenso viele
Bourgeoisie Interessen**
en achter deze vooroordelen schuilen in een hinderlaag, net
zoals veel belangen van de bourgeoisie
**Alle vorhergehenden Klassen, die die Oberhand gewannen,
versuchten, ihren bereits erworbenen Status zu festigen**
Alle voorgaande klassen die de overhand kregen, probeerden
hun reeds verworven status te versterken
**Sie taten dies, indem sie die Gesellschaft als Ganzes ihren
Aneignungsbedingungen unterwarfen**
Ze deden dit door de samenleving als geheel te onderwerpen
aan hun toe-eigeningsvoorwaarden
**Die Proletarier können nicht Herren der Produktivkräfte der
Gesellschaft werden**
De proletariërs kunnen geen meester worden van de
productiekrachten van de maatschappij

Sie kann dies nur tun, indem sie ihre eigene bisherige Aneignungsweise abschafft

Zij kan dit alleen doen door haar eigen vroegere wijze van toe-eigening af te schaffen

Und damit hebt sie auch jede andere bisherige Aneignungsweise auf

en daarmee schaft het ook elke andere eerdere wijze van toe-eigening af

Sie haben nichts Eigenes zu sichern und zu festigen

Ze hebben niets van zichzelf om veilig te stellen en te versterken

Ihre Aufgabe ist es, alle bisherigen Sicherheiten und Versicherungen für individuelles Eigentum zu vernichten

Hun missie is het vernietigen van alle eerdere zekerheden voor en verzekeringen van individuele eigendommen

Alle bisherigen historischen Bewegungen waren Bewegungen von Minderheiten

Alle voorgaande historische bewegingen waren bewegingen van minderheden

oder es handelte sich um Bewegungen im Interesse von Minderheiten

Of het waren bewegingen in het belang van minderheden

Die proletarische Bewegung ist die selbstbewusste, selbständige Bewegung der ungeheuren Mehrheit

De proletarische beweging is de zelfbewuste, onafhankelijke beweging van de overgrote meerderheid

Und es ist eine Bewegung im Interesse der großen Mehrheit

En het is een beweging in het belang van de overgrote meerderheid

Das Proletariat, die unterste Schicht unserer heutigen Gesellschaft

Het proletariaat, de onderste laag van onze huidige samenleving

Sie kann sich nicht regen oder erheben, ohne daß die ganze übergeordnete Schicht der offiziellen Gesellschaft in die Luft geschleudert wird

Het kan zich niet verheffen of verheffen zonder dat de hele bovenliggende lagen van de officiële samenleving in de lucht worden gesprongen

Der Kampf des Proletariats mit der Bourgeoisie ist, wenn auch nicht der Substanz nach, doch zunächst ein nationaler Kampf

Hoewel niet in inhoud, maar toch in vorm, is de strijd van het proletariaat met de bourgeoisie in de eerste plaats een nationale strijd

Das Proletariat eines jeden Landes muss natürlich vor allem mit seiner eigenen Bourgeoisie abrechnen

Het proletariaat van elk land moet natuurlijk in de eerste plaats de zaken met zijn eigen bourgeoisie regelen

Indem wir die allgemeinsten Phasen der Entwicklung des Proletariats schilderten, verfolgten wir den mehr oder weniger verhüllten Bürgerkrieg

Bij het beschrijven van de meest algemene fasen van de ontwikkeling van het proletariaat hebben we de min of meer verhulde burgeroorlog getraceerd

Diese Zivilgesellschaft wütet in der bestehenden Gesellschaft

Deze burgerschap woedt binnen de bestaande samenleving

Er wird bis zu dem Punkt wüten, an dem dieser Krieg in eine offene Revolution ausbricht

Het zal woeden tot het punt waarop die oorlog uitbreekt in een openlijke revolutie

und dann legt der gewaltsame Sturz der Bourgeoisie die Grundlage für die Herrschaft des Proletariats

en dan legt de gewelddadige omverwerping van de bourgeoisie de basis voor de heerschappij van het proletariaat

Bisher beruhte jede Gesellschaftsform, wie wir bereits gesehen haben, auf dem Antagonismus unterdrückender und unterdrückter Klassen

Tot nu toe was elke maatschappijvorm, zoals we al zagen, gebaseerd op het antagonisme van onderdrukkende en onderdrukte klassen

Um aber eine Klasse zu unterdrücken, müssen ihr gewisse Bedingungen zugesichert werden

Maar om een klasse te onderdrukken, moeten bepaalde voorwaarden aan haar worden verzekerd

Die Klasse muss unter Bedingungen gehalten werden, unter denen sie wenigstens ihre sklavische Existenz fortsetzen kann

De klasse moet onder omstandigheden worden gehouden waarin zij ten minste haar slaafse bestaan kan voortzetten

Der Leibeigene erhob sich in der Zeit der Leibeigenschaft zum Mitglied der Kommune

De lijfeigene verhief zich in de periode van de lijfeigenschap tot het lidmaatschap van de commune

so wie es dem Kleinbourgeoisie unter dem Joch des feudalen Absolutismus gelang, sich zur Bourgeoisie zu entwickeln

net zoals de kleinburgerij, onder het juk van het feodale absolutisme, zich wist te ontwikkelen tot een bourgeoisie

Der moderne Arbeiter dagegen sinkt, anstatt sich mit dem Fortschritt der Industrie zu erheben, immer tiefer

In plaats van met de vooruitgang van de industrie op te klimmen, zinkt de moderne arbeider daarentegen dieper en dieper weg

Er sinkt unter die Existenzbedingungen seiner eigenen Klasse

Hij zakt weg onder de bestaansvoorwaarden van zijn eigen klasse

Er wird ein Bettler, und der Pauperismus entwickelt sich schneller als Bevölkerung und Reichtum

Hij wordt een pauper, en het pauperisme ontwikkelt zich sneller dan de bevolking en de rijkdom

Und hier zeigt sich, dass die Bourgeoisie nicht mehr geeignet ist, die herrschende Klasse in der Gesellschaft zu sein

En hier wordt duidelijk, dat de bourgeoisie niet langer de heersende klasse in de maatschappij kan zijn

und sie ist ungeeignet, der Gesellschaft ihre Existenzbedingungen als übergeordnetes Gesetz aufzuzwingen

en het is ongeschikt om zijn bestaansvoorwaarden aan de samenleving op te leggen als een allesoverheersende wet

Sie ist unfähig zu herrschen, weil sie unfähig ist, ihrem Sklaven in seiner Sklaverei eine Existenz zu sichern

Het is ongeschikt om te regeren omdat het onbekwaam is om zijn slaaf een bestaan in zijn slavernij te verzekeren

denn sie kann nicht anders, als ihn in einen solchen Zustand sinken zu lassen, daß sie ihn ernähren muss, statt von ihm gefüttert zu werden

Omdat het niet anders kan dan hem in zo'n toestand te laten wegzinken, dat het hem moet voeden, in plaats van door hem gevoed te worden

Die Gesellschaft kann nicht länger unter dieser Bourgeoisie leben

De maatschappij kan niet langer leven onder deze bourgeoisie

Mit anderen Worten, ihre Existenz ist nicht mehr mit der Gesellschaft vereinbar

Met andere woorden, het bestaan ervan is niet langer verenigbaar met de samenleving

Die wesentliche Bedingung für die Existenz und die Herrschaft der Bourgeoisie Klasse ist die Bildung und Vermehrung des Kapitals

De essentiële voorwaarde voor het bestaan en voor de heerschappij van de bourgeoisie is de vorming en uitbreiding van het kapitaal

Die Bedingung für das Kapital ist Lohnarbeit

De voorwaarde voor kapitaal is loonarbeid

Die Lohnarbeit beruht ausschließlich auf der Konkurrenz zwischen den Arbeitern

Loonarbeid berust uitsluitend op concurrentie tussen de arbeiders

Der Fortschritt der Industrie, deren unfreiwilliger Förderer die Bourgeoisie ist, tritt an die Stelle der Isolierung der Arbeiter

De vooruitgang van de industrie, waarvan de bourgeoisie de onvrijwillige bevorderaar is, vervangt het isolement van de arbeiders

durch die Konkurrenz, durch ihre revolutionäre Kombination, durch die Assoziation

door concurrentie, door hun revolutionaire combinatie, door associatie

Die Entwicklung der modernen Industrie schneidet ihr die Grundlage unter den Füßen weg, auf der die Bourgeoisie Produkte produziert und sich aneignet

De ontwikkeling van de moderne industrie snijdt onder haar voeten het fundament weg waarop de bourgeoisie producten produceert en zich toe-eigent

Was die Bourgeoisie vor allem produziert, sind ihre eigenen Totengräber

Wat de bourgeoisie vooral voortbrengt, zijn haar eigen doodgravers

Der Sturz der Bourgeoisie und der Sieg des Proletariats sind gleichermaßen unvermeidlich

De val van de bourgeoisie en de overwinning van het proletariaat zijn even onvermijdelijk

Proletarier und Kommunisten
Proletariërs en communisten

In welchem Verhältnis stehen die Kommunisten zu den Proletariern insgesamt?

In welke verhouding staan de communisten tot de proletariërs in hun geheel?

Die Kommunisten bilden keine eigene Partei, die anderen Arbeiterparteien entgegengesetzt ist

De communisten vormen geen aparte partij die zich verzet tegen andere arbeiderspartijen

Sie haben keine Interessen, die von denen des Proletariats als Ganzes getrennt und getrennt sind

Zij hebben geen belangen die los staan van die van het proletariaat in zijn geheel

Sie stellen keine eigenen sektiererischen Prinzipien auf, nach denen sie die proletarische Bewegung formen und formen könnten

Ze stellen geen eigen sektarische principes op om de proletarische beweging vorm te geven en te kneden

Die Kommunisten unterscheiden sich von den anderen Arbeiterparteien nur durch zwei Dinge

De communisten onderscheiden zich van de andere arbeiderspartijen slechts door twee dingen

Erstens: Sie weisen auf die gemeinsamen Interessen des gesamten Proletariats hin und bringen sie in den Vordergrund, unabhängig von jeder Nationalität

In de eerste plaats wijzen zij op de gemeenschappelijke belangen van het gehele proletariaat, onafhankelijk van alle nationaliteiten, en brengen zij deze naar voren

Das tun sie in den nationalen Kämpfen der Proletarier der verschiedenen Länder

Dit doen ze in de nationale strijd van de proletariërs van de verschillende landen

Zweitens vertreten sie immer und überall die Interessen der gesamten Bewegung

Ten tweede vertegenwoordigen zij altijd en overal de belangen van de beweging als geheel

das tun sie in den verschiedenen Entwicklungsstadien, die der Kampf der Arbeiterklasse gegen die Bourgeoisie zu durchlaufen hat

dit doen zij in de verschillende stadia van ontwikkeling, die de strijd van de arbeidersklasse tegen de bourgeoisie moet doormaken

Die Kommunisten sind also auf der einen Seite praktisch der fortschrittlichste und entschiedenste Teil der Arbeiterparteien eines jeden Landes

De communisten zijn dus aan de ene kant praktisch het meest vooruitstrevende en vastberaden deel van de arbeiderspartijen van elk land

Sie sind der Teil der Arbeiterklasse, der alle anderen vorantreibt

Zij zijn dat deel van de arbeidersklasse dat alle anderen vooruit duwt

Theoretisch haben sie auch den Vorteil, dass sie die Marschlinie klar verstehen

Theoretisch hebben ze ook het voordeel dat ze de marslijn duidelijk begrijpen

Das verstehen sie besser im Vergleich zu der großen Masse des Proletariats

Dit begrijpen ze beter in vergelijking met de grote massa van het proletariaat

Sie verstehen die Bedingungen und die letzten allgemeinen Ergebnisse der proletarischen Bewegung

Zij begrijpen de voorwaarden en de uiteindelijke algemene resultaten van de proletarische beweging

Das unmittelbare Ziel des Kommunisten ist dasselbe wie das aller anderen proletarischen Parteien

Het onmiddellijke doel van de communist is hetzelfde als dat van alle andere proletarische partijen

Ihr Ziel ist die Formierung des Proletariats zu einer Klasse

Hun doel is de vorming van het proletariaat tot een klasse

sie zielen darauf ab, die Vorherrschaft der Bourgeoisie zu stürzen

ze streven ernaar de suprematie van de bourgeoisie omver te werpen

das Streben nach politischer Machteroberung durch das Proletariat

het streven naar de verovering van de politieke macht door het proletariaat

Die theoretischen Schlußfolgerungen der Kommunisten beruhen in keiner Weise auf Ideen oder Prinzipien der Reformer

De theoretische conclusies van de communisten zijn op geen enkele manier gebaseerd op ideeën of principes van hervormers

es waren keine Möchtegern-Universalreformer, die die theoretischen Schlussfolgerungen der Kommunisten erfunden oder entdeckt haben

het waren geen zogenaamde universele hervormers die de theoretische conclusies van de communisten uitvonden of ontdekten

Sie drücken lediglich in allgemeinen Begriffen tatsächliche Verhältnisse aus, die aus einem bestehenden Klassenkampf hervorgehen

Zij drukken slechts in algemene termen de werkelijke verhoudingen uit die voortkomen uit een bestaande klassenstrijd

Und sie beschreiben die historische Bewegung, die sich unter unseren Augen abspielt und die diesen Klassenkampf hervorgebracht hat

En ze beschrijven de historische beweging die zich onder onze ogen afspeelt en die deze klassenstrijd heeft gecreëerd

Die Abschaffung bestehender Eigentumsverhältnisse ist keineswegs ein charakteristisches Merkmal des Kommunismus

De afschaffing van de bestaande eigendomsverhoudingen is geenszins een onderscheidend kenmerk van het communisme

Alle Eigentumsverhältnisse in der Vergangenheit waren einem ständigen historischen Wandel unterworfen
Alle eigendomsverhoudingen in het verleden zijn voortdurend onderhevig geweest aan historische veranderingen

Und diese Veränderungen waren eine Folge der Veränderung der historischen Bedingungen
En deze veranderingen waren het gevolg van de verandering in de historische omstandigheden

Die Französische Revolution zum Beispiel schaffte das Feudaleigentum zugunsten des Bourgeoisie Eigentums ab
De Franse Revolutie, bijvoorbeeld, schafte het feodale eigendom af ten gunste van het bourgeoisie eigendom

Das Unterscheidungsmerkmal des Kommunismus ist nicht die Abschaffung des Eigentums im Allgemeinen
Het onderscheidende kenmerk van het communisme is niet de afschaffing van eigendom, in het algemeen

aber das Unterscheidungsmerkmal des Kommunismus ist die Abschaffung des Bourgeoisie Eigentums
maar het onderscheidende kenmerk van het communisme is de afschaffing van het eigendom van de bourgeoisie

Aber das Privateigentum der modernen Bourgeoisie ist der letzte und vollständigste Ausdruck des Systems der Produktion und Aneignung von Produkten
Maar de moderne bourgeoisie is de laatste en meest volledige uitdrukking van het systeem van productie en toe-eigening van producten

Es ist der Endzustand eines Systems, das auf Klassengegensätzen beruht, wobei der Klassenantagonismus die Ausbeutung der Vielen durch die Wenigen ist
Het is de eindtoestand van een systeem dat gebaseerd is op klassentegenstellingen, waarbij klassentegenstellingen de uitbuiting van velen door weinigen zijn

In diesem Sinne läßt sich die Theorie der Kommunisten in einem einzigen Satz zusammenfassen; die Abschaffung des Privateigentums

In die zin kan de theorie van de communisten in één zin worden samengevat; de afschaffing van privé-eigendom

Uns Kommunisten hat man vorgeworfen, das Recht auf persönlichen Eigentumserwerb abschaffen zu wollen

Aan ons, communisten, is de wens verweten om het recht op het persoonlijk verwerven van eigendom af te schaffen

Es wird behauptet, dass diese Eigenschaft die Frucht der eigenen Arbeit eines Menschen ist

Er wordt beweerd dat deze eigenschap de vrucht is van de eigen arbeid van een man

Und diese Eigenschaft soll die Grundlage aller persönlichen Freiheit, Aktivität und Unabhängigkeit sein.

En dit eigendom zou de basis zijn van alle persoonlijke vrijheid, activiteit en onafhankelijkheid.

"Hart erkämpftes, selbst erworbenes, selbst verdientes Eigentum!"

"Zwaarbevochten, zelf verworven, zelfverdiend eigendom!"

Meinst du das Eigentum des kleinen Handwerkers und des Kleinbauern?

Bedoelt u het eigendom van de kleine handwerksman en van de kleine boer?

Meinen Sie eine Form des Eigentums, die der Bourgeoisie Form vorausging?

Bedoelt u een vorm van eigendom die voorafging aan de vorm van de bourgeoisie?

Es ist nicht nötig, sie abzuschaffen, die Entwicklung der Industrie hat sie zum großen Teil bereits zerstört

Het is niet nodig om dat af te schaffen, de ontwikkeling van de industrie heeft het al voor een groot deel vernietigd

Und die Entwicklung der Industrie zerstört sie immer noch täglich

En de ontwikkeling van de industrie vernietigt het nog dagelijks

Oder meinen Sie das moderne Bourgeoisie Privateigentum?

Of bedoelt u het privé-eigendom van de moderne bourgeoisie?

Aber schafft die Lohnarbeit irgendein Eigentum für den Arbeiter?

Maar schept de loonarbeid enig eigendom voor de arbeider?

Nein, die Lohnarbeit schafft nicht ein bisschen von dieser Art von Eigentum!

Neen, loonarbeid schept niets van dit soort eigendommen!

Was Lohnarbeit schafft, ist Kapital; jene Art von Eigentum, das Lohnarbeit ausbeutet

Wat loonarbeid creëert, is kapitaal; dat soort eigendom dat loonarbeid uitbuit

Das Kapital kann sich nur unter der Bedingung vermehren, daß es ein neues Angebot an Lohnarbeit für neue Ausbeutung erzeugt

Het kapitaal kan alleen toenemen op voorwaarde dat het een nieuw aanbod van loonarbeid voor nieuwe uitbuiting verwekt

Das Eigentum in seiner jetzigen Form beruht auf dem Antagonismus von Kapital und Lohnarbeit

Eigendom, in zijn huidige vorm, is gebaseerd op de tegenstelling tussen kapitaal en loonarbeid

Betrachten wir beide Seiten dieses Antagonismus

Laten we beide kanten van dit antagonisme onderzoeken

Kapitalist zu sein bedeutet nicht nur, einen rein persönlichen Status zu haben

Kapitalist zijn betekent niet alleen een zuiver persoonlijke status hebben

Stattdessen bedeutet Kapitalist zu sein auch, einen sozialen Status in der Produktion zu haben

In plaats daarvan is kapitalist zijn ook het hebben van een sociale status in de productie

weil Kapital ein kollektives Produkt ist; Nur durch das gemeinsame Handeln vieler Mitglieder kann sie in Gang gesetzt werden

omdat kapitaal een collectief product is; Alleen door de
gezamenlijke actie van vele leden kan het in gang worden
gezet

**Aber dieses gemeinsame Handeln ist der letzte Ausweg und
erfordert eigentlich alle Mitglieder der Gesellschaft**

Maar deze gezamenlijke actie is een laatste redmiddel en
vereist in feite alle leden van de samenleving

**Das Kapital verwandelt sich in das Eigentum aller
Mitglieder der Gesellschaft**

Kapitaal wordt omgezet in het eigendom van alle leden van
de samenleving

**aber das Kapital ist also keine persönliche Macht; Es ist eine
gesellschaftliche Macht**

maar het kapitaal is dus geen persoonlijke macht; Het is een
sociale macht

**Wenn also Kapital in gesellschaftliches Eigentum
umgewandelt wird, so verwandelt sich dadurch nicht
persönliches Eigentum in gesellschaftliches Eigentum**

Wanneer kapitaal dus wordt omgezet in maatschappelijk
eigendom, wordt persoonlijk eigendom daarmee niet omgezet
in maatschappelijk eigendom

**Nur der gesellschaftliche Charakter des Eigentums wird
verändert und verliert seinen Klassencharakter**

Het is alleen het sociale karakter van het eigendom dat wordt
veranderd en zijn klassenkarakter verliest

Betrachten wir nun die Lohnarbeit

Laten we nu eens kijken naar loonarbeid

**Der Durchschnittspreis der Lohnarbeit ist der Mindestlohn,
d.h. das Quantum der Lebensmittel**

De gemiddelde prijs van de loonarbeid is het minimumloon,
d.w.z. het bedrag van de bestaansmiddelen

**Dieser Lohn ist für die bloße Existenz als Arbeiter absolut
notwendig**

Dit loon is absoluut noodzakelijk voor het naakte bestaan als
arbeider

Was sich also der Lohnarbeiter durch seine Arbeit aneignet, genügt nur, um ein bloßes Dasein zu verlängern und zu reproduzieren

Wat de loonarbeider zich dus door zijn arbeid toe-eigent, is slechts voldoende om een naakt bestaan te verlengen en te reproduceren

Wir beabsichtigen keineswegs, diese persönliche Aneignung der Arbeitsprodukte abzuschaffen

Wij zijn geenszins van plan deze persoonlijke toe-eigening van de producten van de arbeid af te schaffen

eine Aneignung, die für die Erhaltung und Reproduktion des menschlichen Lebens bestimmt ist

een toe-eigening die is gemaakt voor het onderhoud en de reproductie van het menselijk leven

Eine solche persönliche Aneignung der Arbeitsprodukte lässt keinen Überschuss übrig, mit dem man die Arbeit anderer befehlen könnte

Een dergelijke persoonlijke toe-eigening van de producten van de arbeid laat geen overschot over waarmee de arbeid van anderen kan worden opgeëist

Alles, was wir beseitigen wollen, ist der erbärmliche Charakter dieser Aneignung

Het enige wat we willen afschaffen is het ellendige karakter van deze toe-eigening

die Aneignung, unter der der Arbeiter lebt, bloß um das Kapital zu vermehren

de toe-eigening waarvan de arbeider leeft, alleen maar om het kapitaal te vermeerderen

Er darf nur leben, soweit es das Interesse der herrschenden Klasse erfordert

Hij mag alleen leven voor zover het belang van de heersende klasse dit vereist

In der Bourgeoisie Gesellschaft ist die lebendige Arbeit nur ein Mittel, um die akkumulierte Arbeit zu vermehren

In de bourgeoisiemaatschappij is levende arbeid slechts een middel om de geaccumuleerde arbeid te vergroten

In der kommunistischen Gesellschaft ist die akkumulierte Arbeit nur ein Mittel, um die Existenz des Arbeiters zu erweitern, zu bereichern und zu fördern

In de communistische maatschappij is de geaccumuleerde arbeid slechts een middel om het bestaan van de arbeider te verbreden, te verrijken en te bevorderen

In der Bourgeoisie Gesellschaft dominiert daher die Vergangenheit die Gegenwart

In de bourgeoisiemaatschappij domineert het verleden dus het heden

In der kommunistischen Gesellschaft dominiert die Gegenwart die Vergangenheit

in de communistische samenleving domineert het heden het verleden

In der Bourgeoisie Gesellschaft ist das Kapital unabhängig und hat Individualität

In de bourgeoisie is het kapitaal onafhankelijk en heeft het individualiteit

In der Bourgeoisie Gesellschaft ist der lebende Mensch abhängig und hat keine Individualität

In de bourgeoisiemaatschappij is de levende mens afhankelijk en heeft hij geen individualiteit

Und die Abschaffung dieses Zustandes wird von der Bourgeoisie als Abschaffung der Individualität und Freiheit bezeichnet!

En de afschaffing van deze stand van zaken wordt door de bourgeoisie de afschaffing van individualiteit en vrijheid genoemd!

Und man nennt sie mit Recht die Abschaffung von Individualität und Freiheit!

En het wordt terecht de afschaffing van individualiteit en vrijheid genoemd!

Der Kommunismus strebt die Abschaffung der Bourgeoisie Individualität an

Het communisme streeft naar de afschaffing van de individualiteit van de bourgeoisie

Der Kommunismus strebt die Abschaffung der Unabhängigkeit der Bourgeoisie an

Het communisme streeft naar de afschaffing van de onafhankelijkheid van de bourgeoisie

Die BourgeoisieFreiheit ist zweifellos das, was der Kommunismus anstrebt

De vrijheid van de bourgeoisie is ongetwijfeld waar het communisme naar streeft

unter den gegenwärtigen Bourgeoisie Produktionsbedingungen bedeutet Freiheit freien Handel, freien Verkauf und freien Kauf

Onder de huidige burgerlijke productieverhoudingen betekent vrijheid vrije handel, vrije verkoop en koop

Aber wenn das Verkaufen und Kaufen verschwindet, verschwindet auch das freie Verkaufen und Kaufen

Maar als verkopen en kopen verdwijnt, verdwijnt ook het vrije verkopen en kopen

"Mutige Worte" der Bourgeoisie über den freien Verkauf und Kauf haben nur eine begrenzte Bedeutung

"moedige woorden" van de bourgeoisie over vrij verkopen en kopen hebben slechts in beperkte zin betekenis

Diese Worte haben nur im Gegensatz zu eingeschränktem Verkauf und Kauf eine Bedeutung

Deze woorden hebben alleen betekenis in tegenstelling tot beperkt verkopen en kopen

und diese Worte haben nur dann eine Bedeutung, wenn sie auf die gefesselten Händler des Mittelalters angewandt werden

en deze woorden hebben alleen betekenis wanneer ze worden toegepast op de geketende handelaren van de Middeleeuwen

und das setzt voraus, dass diese Worte überhaupt eine Bedeutung im Bourgeoisie Sinne haben

en dat veronderstelt dat deze woorden zelfs betekenis hebben in de zin van de bourgeoisie

aber diese Worte haben keine Bedeutung, wenn sie
gebraucht werden, um sich gegen die kommunistische
Abschaffung des Kaufens und Verkaufens zu wehren

maar deze woorden hebben geen betekenis als ze worden
gebruikt om zich te verzetten tegen de communistische
afschaffing van kopen en verkopen

die Worte haben keine Bedeutung, wenn sie gebraucht
werden, um sich gegen die Abschaffung der Bourgeoisie
Produktionsbedingungen zu wehren

de woorden hebben geen betekenis als ze worden gebruikt om
zich te verzetten tegen de afschaffing van de
productievoorwaarden van de bourgeoisie

und sie haben keine Bedeutung, wenn sie benutzt werden,
um sich gegen die Abschaffung der Bourgeoisie selbst zu
wehren

en ze hebben geen betekenis als ze worden gebruikt om zich te
verzetten tegen de afschaffing van de bourgeoisie zelf

Sie sind entsetzt über unsere Absicht, das Privateigentum
abzuschaffen

U bent geschokt door ons voornemen om privé-eigendom af te
schaffen

Aber in eurer jetzigen Gesellschaft ist das Privateigentum
für neun Zehntel der Bevölkerung bereits abgeschafft

Maar in uw huidige samenleving is privé-eigendom al
afgeschaft voor negen tiende van de bevolking

Die Existenz des Privateigentums für einige wenige beruht
einzig und allein darauf, dass es in den Händen von neun
Zehnteln der Bevölkerung nicht existiert

Het bestaan van privé-eigendom voor enkelen is uitsluitend te
wijten aan het feit dat het niet bestaat in de handen van negen
tiende van de bevolking

Sie werfen uns also vor, daß wir eine Form des Eigentums
abschaffen wollen

U verwijt ons dus dat wij van plan zijn een vorm van
eigendom af te schaffen

Aber das Privateigentum erfordert für die ungeheure Mehrheit der Gesellschaft die Nichtexistenz jeglichen Eigentums

Maar privé-eigendom vereist het niet-bestaan van enig eigendom voor de overgrote meerderheid van de samenleving

Mit einem Wort, Sie werfen uns vor, daß wir Ihr Eigentum beseitigen wollen

In één woord, u verwijt ons dat wij van plan zijn uw eigendom af te schaffen

Und genau so ist es; Ihr Eigentum abzuschaffen, ist genau das, was wir beabsichtigen

En het is precies zo; het afschaffen van uw eigendom is precies wat we van plan zijn

Von dem Augenblick an, wo die Arbeit nicht mehr in Kapital, Geld oder Rente verwandelt werden kann

Vanaf het moment dat arbeid niet meer kan worden omgezet in kapitaal, geld of rente

wenn die Arbeit nicht mehr in eine gesellschaftliche Macht umgewandelt werden kann, die monopolisiert werden kann

wanneer arbeid niet langer kan worden omgezet in een sociale macht die kan worden gemonopoliseerd

von dem Augenblick an, wo das individuelle Eigentum nicht mehr in Bourgeoisie Eigentum verwandelt werden kann

vanaf het moment dat individueel eigendom niet langer kan worden omgezet in burgerlijk eigendom

von dem Augenblick an, wo das individuelle Eigentum nicht mehr in Kapital verwandelt werden kann

vanaf het moment dat individueel eigendom niet meer in kapitaal kan worden omgezet

Von diesem Moment an sagst du, dass die Individualität verschwindet

Vanaf dat moment zeg je dat individualiteit verdwijnt

Sie müssen also gestehen, daß Sie mit »Individuum« keine andere Person meinen als die Bourgeoisie

U moet dus toegeven dat u met 'individu' niemand anders
bedoelt dan de bourgeoisie

**Sie müssen zugeben, dass es sich speziell auf den
Bourgeoisie Eigentümer von Immobilien bezieht**

Je moet toegeven dat het specifiek verwijst naar de eigenaar
van onroerend goed uit de middenklasse

**Diese Person muss in der Tat aus dem Weg geräumt und
unmöglich gemacht werden**

Deze persoon moet inderdaad uit de weg worden geruimd en
onmogelijk worden gemaakt

**Der Kommunismus beraubt niemanden der Macht, sich die
Produkte der Gesellschaft anzueignen**

Het communisme berooft niemand van de macht om zich de
producten van de maatschappij toe te eigenen

**Alles, was der Kommunismus tut, ist, ihm die Macht zu
nehmen, die Arbeit anderer durch eine solche Aneignung zu
unterjochen**

Het enige wat het communisme doet, is hem de macht
ontnemen om door middel van een dergelijke toe-eigening de
arbeid van anderen te onderwerpen

**Man hat eingewendet, daß mit der Abschaffung des
Privateigentums alle Arbeit aufhören werde**

Er is tegengeworpen dat bij de afschaffing van het privé-
eigendom alle werk zal ophouden

**Und dann wird suggeriert, dass uns die universelle Faulheit
überwältigen wird**

En dan wordt gesuggereerd dat universele luiheid ons zal
overvallen

**Demnach hätte die BourgeoisieGesellschaft schon längst vor
lauter Müßiggang vor die Hunde gehen müssen**

Volgens deze theorie had de bourgeoisie al lang geleden uit
pure ledigheid naar de kloten moeten gaan

**denn diejenigen ihrer Mitglieder, die arbeiten, erwerben
nichts**

want degenen van haar leden die werken, verwerven niets

und diejenigen von ihren Mitgliedern, die etwas erwerben, arbeiten nicht

En degenen van haar leden die iets verwerven, werken niet

Der ganze Einwand ist nur ein weiterer Ausdruck der Tautologie

Het geheel van deze tegenwerping is slechts een andere uitdrukking van de tautologie

Es kann keine Lohnarbeit mehr geben, wenn es kein Kapital mehr gibt

Er kan geen loonarbeid meer zijn als er geen kapitaal meer is

Es gibt keinen Unterschied zwischen materiellen und mentalen Produkten

Er is geen verschil tussen materiële producten en mentale producten

Der Kommunismus schlägt vor, dass beides auf die gleiche Weise produziert wird

Het communisme stelt voor dat beide op dezelfde manier worden geproduceerd

aber die Einwände gegen die kommunistischen Produktionsweisen sind dieselben

maar de bezwaren tegen de communistische productiemethoden zijn dezelfde

Für die Bourgeoisie ist das Verschwinden des Klasseneigentums das Verschwinden der Produktion selbst

voor de bourgeoisie is het verdwijnen van het klasseneigendom het verdwijnen van de productie zelf

So ist für ihn das Verschwinden der Klassenkultur identisch mit dem Verschwinden aller Kultur

Het verdwijnen van de klassencultuur is voor hem dus identiek met het verdwijnen van alle cultuur

Diese Kultur, deren Verlust er beklagt, ist für die überwiegende Mehrheit ein bloßes Training, um als Maschine zu agieren

Die cultuur, waarvan hij het verlies betreurt, is voor de overgrote meerderheid niet meer dan een training om als machine te fungeren

Die Kommunisten haben die Absicht, die Kultur des Bourgeoisie Eigentums abzuschaffen

Communisten zijn heel erg van plan om de cultuur van het bourgeoisie-eigendom af te schaffen

Aber zankt euch nicht mit uns, solange ihr den Maßstab eurer Bourgeoisie Vorstellungen von Freiheit, Kultur, Recht usw. anlegt

Maar maak geen ruzie met ons zolang je de standaard van je bourgeoisie noties van vrijheid, cultuur, recht, enz. toepast

Eure Ideen selbst sind nur die Auswüchse der Bedingungen eurer Bourgeoisie Produktion und eures Bourgeoisie Eigentums

Uw ideeën zelf zijn slechts het uitvloeisel van de verhoudingen van uw bourgeoisieproductie en bourgeoisie-eigendom

so wie eure Jurisprudenz nichts anderes ist als der Wille eurer Klasse, der zum Gesetz für alle gemacht wurde

net zoals uw jurisprudentie slechts de wil van uw klasse is die tot een wet voor allen is gemaakt

Der wesentliche Charakter und die Richtung dieses Willens werden durch die ökonomischen Bedingungen bestimmt, die Ihre soziale Klasse schafft

Het wezenlijke karakter en de richting van deze wil worden bepaald door de economische omstandigheden die uw sociale klasse schept

Der selbstsüchtige Irrtum, der dich veranlaßt, soziale Formen in ewige Gesetze der Natur und der Vernunft zu verwandeln

De egoïstische misvatting die je ertoe aanzet om sociale vormen om te vormen tot eeuwige wetten van de natuur en van de rede

die gesellschaftlichen Formen, die aus eurer gegenwärtigen Produktionsweise und Eigentumsform entspringen

de maatschappelijke vormen die voortkomen uit uw huidige productiewijze en vorm van eigendom

**historische Beziehungen, die im Fortschritt der Produktion
auf- und verschwinden**

Historische verhoudingen die stijgen en verdwijnen in de
voortgang van de productie

**Dieses Missverständnis teilt ihr mit jeder herrschenden
Klasse, die euch vorausgegangen ist**

Deze misvatting deel je met elke heersende klasse die je is
voorgegaan

**Was Sie bei antikem Eigentum klar sehen, was Sie bei
feudalem Eigentum zugeben**

Wat je duidelijk ziet in het geval van oud eigendom, wat je
toegeeft in het geval van feodaal eigendom

**diese Dinge dürfen Sie natürlich nicht zugeben, wenn es
sich um Ihre eigene BourgeoisieEigentumsform handelt**

deze dingen is het u natuurlijk verboden toe te geven in het
geval van uw eigen bourgeoisie vorm van eigendom

**Abschaffung der Familie! Selbst die Radikalsten entrüsten
sich über diesen infamen Vorschlag der Kommunisten**

Afschaffing van het gezin! Zelfs de meest radicale
opflakkeringen bij dit schandelijke voorstel van de
communisten

**Auf welcher Grundlage beruht die heutige Familie, die
BourgeoisieFamilie?**

Op welk fundament is de huidige familie, de familie
Bourgeoisie, gebaseerd?

**Die Gründung der heutigen Familie beruht auf Kapital und
privatem Gewinn**

De stichting van het huidige gezin is gebaseerd op kapitaal en
eigen gewin

**In ihrer voll entwickelten Form existiert diese Familie nur
unter der Bourgeoisie**

In haar volledig ontwikkelde vorm bestaat deze familie alleen
onder de bourgeoisie

**Dieser Zustand der Dinge findet seine Ergänzung in der
praktischen Abwesenheit der Familie bei den Proletariern**

Deze stand van zaken vindt haar aanvulling in de praktische afwezigheid van het gezin bij de proletariërs

Dieser Zustand ist in der öffentlichen Prostitution zu finden

Deze stand van zaken is terug te vinden in de openbare prostitutie

Die BourgeoisieFamilie wird wie selbstverständlich verschwinden, wenn ihr Komplement verschwindet

De bourgeoisiefamilie zal als vanzelfsprekend verdwijnen wanneer haar aanvulling verdwijnt

Und beides wird mit dem Verschwinden des Kapitals verschwinden

En beide zullen verdwijnen met het verdwijnen van het kapitaal

Werfen Sie uns vor, dass wir die Ausbeutung von Kindern durch ihre Eltern stoppen wollen?

Beschuldigt u ons ervan dat we een einde willen maken aan de uitbuiting van kinderen door hun ouders?

Diesem Verbrechen bekennen wir uns schuldig

Voor deze misdaad pleiten wij schuldig

Aber, werden Sie sagen, wir zerstören die heiligsten Beziehungen, wenn wir die häusliche Erziehung durch die soziale Erziehung ersetzen

Maar, zult u zeggen, wij vernietigen de meest geheiligde verhoudingen, wanneer wij het huiselijk onderwijs vervangen door sociale opvoeding

Ist Ihre Erziehung nicht auch sozial? Und wird sie nicht von den gesellschaftlichen Bedingungen bestimmt, unter denen man erzieht?

Is jouw opleiding niet ook sociaal? En wordt het niet bepaald door de sociale omstandigheden waaronder je opvoedt?

durch direkte oder indirekte Eingriffe in die Gesellschaft, durch Schulen usw.

door de interventie, direct of indirect, van de samenleving, door middel van scholen, enz.

Die Kommunisten haben die Einmischung der Gesellschaft in die Erziehung nicht erfunden

De communisten hebben de interventie van de samenleving in
het onderwijs niet uitgevonden

**Sie versuchen lediglich, den Charakter dieses Eingriffs zu
ändern**

ze proberen alleen het karakter van die interventie te
veranderen

**Und sie versuchen, das Bildungswesen vor dem Einfluss der
herrschenden Klasse zu retten**

En ze proberen het onderwijs te redden van de invloed van de
heersende klasse

**Die Bourgeoisie spricht von der geheiligten Beziehung von
Eltern und Kind**

De bourgeoisie spreekt over de geheiligde co-relatie van ouder
en kind

**aber dieses Geschwätz über die Familie und die Erziehung
wird um so widerwärtiger, wenn wir die moderne Industrie
betrachten**

maar deze onzin over het gezin en de opvoeding wordt des te
walgelijker als we naar de moderne industrie kijken

**Alle Familienbande unter den Proletariern werden durch die
moderne Industrie zerrissen**

Alle familiebanden onder de proletariërs worden verscheurd
door de moderne industrie

**ihre Kinder werden zu einfachen Handelsartikeln und
Arbeitsinstrumenten**

Hun kinderen worden omgevormd tot eenvoudige
handelsartikelen en arbeidsmiddelen

**Aber ihr Kommunisten würdet eine Gemeinschaft von
Frauen schaffen, schreit die ganze Bourgeoisie im Chor**

Maar jullie communisten zouden een gemeenschap van
vrouwen willen creëren, schreeuwt de hele bourgeoisie in
koor

**Die Bourgeoisie sieht in seiner Frau ein bloßes
Produktionsinstrument**

De bourgeoisie ziet in zijn vrouw slechts een productiemiddel

Er hört, dass die Produktionsmittel von allen ausgebeutet werden sollen

Hij hoort dat de productie-instrumenten door iedereen moeten worden geëxploiteerd

Und natürlich kann er zu keinem anderen Schluß kommen, als daß das Los, allen gemeinsam zu sein, auch den Frauen zufallen wird

En natuurlijk kan hij tot geen andere conclusie komen dan dat het lot van het gemeenschappelijk zijn voor allen ook aan vrouwen zal toevallen

Er hat nicht einmal den geringsten Verdacht, dass es in Wirklichkeit darum geht, die Stellung der Frau als bloße Produktionsinstrumente abzuschaffen

Hij heeft zelfs geen vermoeden dat het er werkelijk om gaat de status van vrouwen als louter productie-instrumenten af te schaffen

Im übrigen ist nichts lächerlicher als die tugendhafte Empörung unserer Bourgeoisie über die Gemeinschaft der Frauen

Voor het overige is niets belachelijker dan de deugdzame verontwaardiging van onze bourgeoisie over de gemeenschap van vrouwen

sie tun so, als ob sie von den Kommunisten offen und offiziell eingeführt werden sollte

ze beweren dat het openlijk en officieel door de communisten moet worden ingesteld

Die Kommunisten haben es nicht nötig, die Gemeinschaft der Frauen einzuführen, sie existiert fast seit undenklichen Zeiten

De communisten hebben geen behoefte om een gemeenschap van vrouwen in te voeren, deze bestaat al bijna sinds onheuglijke tijden

Unsere Bourgeoisie begnügt sich nicht damit, die Frauen und Töchter ihrer Proletarier zur Verfügung zu haben

Onze bourgeoisie is niet tevreden met het ter beschikking hebben van de vrouwen en dochters van haar proletariërs

Sie haben das größte Vergnügen daran, ihre Frauen gegenseitig zu verführen

Ze hebben er het grootste plezier in om elkaars vrouwen te verleiden

Und das ist noch nicht einmal von gewöhnlichen Prostituierten zu sprechen

En dan hebben we het nog niet eens over gewone prostituees

Die BourgeoisieEhe ist in Wirklichkeit ein System gemeinsamer Ehefrauen

Het bourgeoisiehuwelijk is in werkelijkheid een systeem van gemeenschappelijke echtgenotes

dann gibt es eine Sache, die man den Kommunisten vielleicht vorwerfen könnte

dan is er één ding dat de communisten mogelijk zou kunnen worden verweten

Sie wollen eine offen legalisierte Gemeinschaft von Frauen einführen

Ze willen een openlijk gelegaliseerde gemeenschap van vrouwen introduceren

statt einer heuchlerisch verhüllten Gemeinschaft von Frauen

in plaats van een hypocriet verborgen gemeenschap van vrouwen

Die Gemeinschaft der Frauen, die aus dem Produktionssystem hervorgegangen ist

De gemeenschap van vrouwen die voortkomt uit het productiesysteem

Schafft das Produktionssystem ab, und ihr schafft die Gemeinschaft der Frauen ab

Schaf het productiesysteem af, en je schaft de gemeenschap van vrouwen af

Sowohl die öffentliche Prostitution als auch die private Prostitution wird abgeschafft

Zowel openbare prostitutie wordt afgeschaft, als particuliere prostitutie

Den Kommunisten wird noch dazu vorgeworfen, sie wollten Länder und Nationalitäten abschaffen

De communisten wordt nog meer verweten dat zij landen en
nationaliteiten willen afschaffen

**Die Arbeiter haben kein Vaterland, also können wir ihnen
nicht nehmen, was sie nicht haben**

De arbeiders hebben geen vaderland, dus kunnen wij hen niet
afnemen wat zij niet hebben

**Das Proletariat muss vor allem die politische Herrschaft
erlangen**

Het proletariaat moet in de eerste plaats de politieke
suprematie verwerven

**Das Proletariat muss sich zur führenden Klasse der Nation
erheben**

Het proletariaat moet zich verheffen tot de leidende klasse van
de natie

Das Proletariat muss sich zur Nation konstituieren

Het proletariaat moet zichzelf de natie vormen

**sie ist bis jetzt selbst national, wenn auch nicht im
Bourgeoisie Sinne des Wortes**

het is tot nu toe zelf nationaal, hoewel niet in de burgerlijke
zin van het woord

**Nationale Unterschiede und Gegensätze zwischen den
Völkern verschwinden täglich mehr und mehr**

Nationale verschillen en tegenstellingen tussen volkeren
verdwijnen met de dag meer en meer

**der Entwicklung der Bourgeoisie, der Freiheit des Handels,
des Weltmarktes**

door de ontwikkeling van de bourgeoisie, de vrijheid van
handel, de wereldmarkt

**zur Gleichförmigkeit der Produktionsweise und der ihr
entsprechenden Lebensbedingungen**

tot uniformiteit in de productiewijze en in de daarmee
overeenstemmende levensvoorwaarden

**Die Herrschaft des Proletariats wird sie noch schneller
verschwinden lassen**

De suprematie van het proletariaat zal hen nog sneller doen
verdwijnen

Die einheitliche Aktion, wenigstens der führenden zivilisierten Länder, ist eine der ersten Bedingungen für die Befreiung des Proletariats

Eensgezindheid, althans van de leidende beschaafde landen, is een van de eerste voorwaarden voor de emancipatie van het proletariaat

In dem Maße, wie der Ausbeutung eines Individuums durch ein anderes ein Ende gesetzt wird, wird auch der Ausbeutung einer Nation durch eine andere ein Ende gesetzt.

Naarmate er een einde komt aan de uitbuiting van het ene individu door het andere, zal er ook een einde komen aan de uitbuiting van de ene natie door de andere

In dem Maße, wie der Antagonismus zwischen den Klassen innerhalb der Nation verschwindet, wird die Feindschaft einer Nation gegen die andere ein Ende haben

Naarmate de tegenstelling tussen de klassen binnen de natie verdwijnt, zal er een einde komen aan de vijandigheid van de ene natie tegenover de andere

Die Anschuldigungen gegen den Kommunismus, die von einem religiösen, philosophischen und allgemein von einem ideologischen Standpunkt aus erhoben werden, verdienen keine ernsthafte Prüfung

De beschuldigingen tegen het communisme, die vanuit een religieus, een filosofisch en, in het algemeen, vanuit een ideologisch standpunt worden geuit, verdienen geen serieus onderzoek

Braucht es eine tiefe Intuition, um zu begreifen, dass sich die Ideen, Ansichten und Vorstellungen des Menschen mit jeder Veränderung der Bedingungen seiner materiellen Existenz ändern?

Is er een diepe intuïtie voor nodig om te begrijpen dat de ideeën, opvattingen en opvattingen van de mens veranderen bij elke verandering in de omstandigheden van zijn materiële bestaan?

Ist es nicht offensichtlich, dass das Bewusstsein des Menschen sich Verändert, wenn seine sozialen Beziehungen und sein soziales Leben ändern?

Is het niet duidelijk dat het bewustzijn van de mens verandert wanneer zijn sociale relaties en zijn sociale leven veranderen?

Was beweist die Ideengeschichte anderes, als daß die geistige Produktion ihren Charakter in dem Maße ändert, wie die materielle Produktion verändert wird?

Wat bewijst de geschiedenis van de ideeën anders dan dat de intellectuele productie van karakter verandert naarmate de materiële productie verandert?

Die herrschenden Ideen eines jeden Zeitalters waren immer die Ideen seiner herrschenden Klasse

De heersende ideeën van elk tijdperk zijn altijd de ideeën van de heersende klasse geweest

Wenn Menschen von Ideen sprechen, die die Gesellschaft revolutionieren, drücken sie nur eine Tatsache aus

Wanneer mensen spreken over ideeën die een revolutie teweegbrengen in de samenleving, drukken ze slechts één feit uit

Innerhalb der alten Gesellschaft wurden die Elemente einer neuen geschaffen

Binnen de oude samenleving zijn de elementen van een nieuwe gecreëerd

und daß die Auflösung der alten Ideen mit der Auflösung der alten Daseinsverhältnisse Schritt hält

en dat de ontbinding van de oude ideeën gelijke tred houdt met de ontbinding van de oude bestaansvoorwaarden

Als die Antike in den letzten Zügen lag, wurden die alten Religionen vom Christentum überwunden

Toen de oude wereld in haar laatste stuiptrekkingen was, werden de oude religies overwonnen door het christendom

Als die christlichen Ideen im 18. Jahrhundert den rationalistischen Ideen erlagen, kämpfte die feudale Gesellschaft ihren Todeskampf mit der damals revolutionären Bourgeoisie

Toen het christelijke gedachtegoed in de 18e eeuw ten prooi viel aan rationalistische ideeën, voerde de feodale maatschappij haar doodsstrijd met de toen revolutionaire bourgeoisie

Die Ideen der Religions- und Gewissensfreiheit brachten lediglich die Herrschaft des freien Wettbewerbs auf dem Gebiet des Wissens zum Ausdruck

De ideeën van godsdienstvrijheid en gewetensvrijheid gaven slechts uitdrukking aan de heerschappij van de vrije concurrentie op het gebied van de kennis

"Zweifellos", wird man sagen, "sind religiöse, moralische, philosophische und juristische Ideen im Laufe der geschichtlichen Entwicklung modifiziert worden"

'Ongetwijfeld', zal men zeggen, 'zijn de religieuze, morele, filosofische en juridische ideeën in de loop van de historische ontwikkeling gewijzigd'

"Aber Religion, Moralphilosophie, Politikwissenschaft und Recht überlebten diesen Wandel ständig."

"Maar religie, moraliteit, filosofie, politieke wetenschappen en rechten overleefden deze verandering voortdurend"

"Es gibt auch ewige Wahrheiten, wie Freiheit, Gerechtigkeit usw."

"Er zijn ook eeuwige waarheden, zoals Vrijheid, Rechtvaardigheid, enz."

"Diese ewigen Wahrheiten sind allen Zuständen der Gesellschaft gemeinsam"

'Deze eeuwige waarheden zijn gemeenschappelijk voor alle staten van de samenleving'

"Aber der Kommunismus schafft die ewigen Wahrheiten ab, er schafft alle Religion und alle Moral ab."

"Maar het communisme schaft eeuwige waarheden af, het schaft alle religie en alle moraliteit af"

"Sie tut dies, anstatt sie auf einer neuen Grundlage zu konstituieren"

"Het doet dit in plaats van ze op een nieuwe basis samen te stellen"

"Sie handelt daher im Widerspruch zu allen bisherigen historischen Erfahrungen"
"Het handelt daarom in tegenspraak met alle historische ervaringen uit het verleden"
Worauf reduziert sich dieser Vorwurf?
Waar herleidt deze beschuldiging zich tot?
Die Geschichte aller vergangenen Gesellschaften hat in der Entwicklung von Klassengegensätzen bestanden
De geschiedenis van alle vroegere samenlevingen heeft bestaan uit de ontwikkeling van klassentegenstellingen
Antagonismen, die in verschiedenen Epochen unterschiedliche Formen annahmen
Tegenstellingen die in verschillende tijdperken verschillende vormen aannamen
Aber welche Form sie auch immer angenommen haben mögen, eine Tatsache ist allen vergangenen Zeitaltern gemeinsam
Maar welke vorm ze ook hebben aangenomen, één feit hebben alle voorbije eeuwen gemeen
die Ausbeutung eines Teils der Gesellschaft durch den anderen
de uitbuiting van het ene deel van de samenleving door het andere
Kein Wunder also, dass sich das gesellschaftliche Bewußtsein vergangener Zeiten innerhalb gewisser allgemeiner Formen oder allgemeiner Vorstellungen bewegt
Het is dan ook niet verwonderlijk dat het sociale bewustzijn van voorbije eeuwen zich beweegt binnen bepaalde gemeenschappelijke vormen of algemene ideeën
(und das trotz aller Vielfalt und Vielfalt, die es zeigt)
(en dat ondanks alle veelheid en variëteit die het vertoont)
Und diese können nur mit dem gänzlichen Verschwinden der Klassengegensätze völlig verschwinden
En deze kunnen niet volledig verdwijnen, behalve met het volledig verdwijnen van klassentegenstellingen

Die kommunistische Revolution ist der radikalste Bruch mit den traditionellen Eigentumsverhältnissen

De communistische revolutie is de meest radicale breuk met de traditionele eigendomsverhoudingen

Kein Wunder, dass ihre Entwicklung den radikalsten Bruch mit den traditionellen Vorstellungen mit sich bringt

Geen wonder dat de ontwikkeling ervan gepaard gaat met de meest radicale breuk met traditionele ideeën

Aber lassen wir die Einwände der Bourgeoisie gegen den Kommunismus hinter uns

Maar laten we ophouden met de bezwaren van de bourgeoisie tegen het communisme

Wir haben oben den ersten Schritt der Arbeiterklasse in der Revolution gesehen

We hebben hierboven de eerste stap in de revolutie van de arbeidersklasse gezien

Das Proletariat muss zur Herrschaft erhoben werden, um den Kampf der Demokratie zu gewinnen

Het proletariaat moet worden verheven tot de positie van heerser, om de strijd van de democratie te winnen

Das Proletariat wird seine politische Vorherrschaft benutzen, um der Bourgeoisie nach und nach alles Kapital zu entreißen

Het proletariaat zal zijn politieke suprematie gebruiken om geleidelijk al het kapitaal aan de bourgeoisie te ontrukken

sie wird alle Produktionsmittel in den Händen des Staates zentralisieren

het zal alle productiemiddelen centraliseren in de handen van de staat

Mit anderen Worten, das Proletariat organisierte sich als herrschende Klasse

Met andere woorden, het proletariaat georganiseerd als de heersende klasse

Und sie wird die Summe der Produktivkräfte so schnell wie möglich vermehren

en het zal het totaal van de productiekrachten zo snel mogelijk doen toenemen

Natürlich kann dies anfangs nur durch despotische Eingriffe in die Eigentumsrechte geschehen

In het begin kan dit natuurlijk alleen worden bewerkstelligd door middel van despotische inbreuken op de eigendomsrechten

und sie muss unter den Bedingungen der Bourgeoisie Produktion erreicht werden

en het moet worden bereikt onder de voorwaarden van de bourgeoisie productie

Sie wird also durch Maßnahmen erreicht, die wirtschaftlich unzureichend und unhaltbar erscheinen

Dit wordt dus bereikt door middel van maatregelen die economisch ontoereikend en onhoudbaar lijken

aber diese Mittel überflügeln sich im Laufe der Bewegung selbst

Maar deze middelen overtreffen zichzelf in de loop van de beweging

sie erfordern weitere Eingriffe in die alte Gesellschaftsordnung

ze vereisen een verdere inbreuk op de oude sociale orde

und sie sind unvermeidlich, um die Produktionsweise völlig zu revolutionieren

En ze zijn onvermijdelijk als middel om de productiewijze volledig te revolutioneren

Diese Maßnahmen werden natürlich in den verschiedenen Ländern unterschiedlich sein

Deze maatregelen zullen uiteraard in verschillende landen anders zijn

Nichtsdestotrotz wird in den am weitesten fortgeschrittenen Ländern das Folgende ziemlich allgemein anwendbar sein

Niettemin zal in de meest geavanceerde landen het volgende vrij algemeen van toepassing zijn

1. Abschaffung des Grundeigentums und Verwendung aller Grundrenten für öffentliche Zwecke.

1. Afschaffing van eigendom van grond en aanwending van alle pachtprijzen van grond voor openbare doeleinden.

2. Eine hohe progressive oder abgestufte Einkommensteuer.

2. Een zware progressieve of gestaffelde inkomstenbelasting.

3. Abschaffung jeglichen Erbrechts.

3. Afschaffing van elk erfrecht.

4. Konfiskation des Eigentums aller Emigranten und Rebellen.

4. Confiscatie van de bezittingen van alle emigranten en rebellen.

5. Zentralisierung des Kredits in den Händen des Staates durch eine Nationalbank mit staatlichem Kapital und ausschließlichem Monopol.

5. Centralisatie van het krediet in handen van de staat, door middel van een nationale bank met staatskapitaal en een exclusief monopolie.

6. Zentralisierung der Kommunikations- und Transportmittel in den Händen des Staates.

6. Centralisatie van de communicatie- en transportmiddelen in handen van de staat.

7. Ausbau der Fabriken und Produktionsmittel im Eigentum des Staates

7. Uitbreiding van fabrieken en productiemiddelen die eigendom zijn van de staat

die Kultivierung von Ödland und die Verbesserung des Bodens überhaupt nach einem gemeinsamen Plan.

het in cultuur brengen van woeste gronden, en de verbetering van de bodem in het algemeen volgens een gemeenschappelijk plan.

8. Gleiche Haftung aller für die Arbeit

8. Gelijke aansprakelijkheid van allen voor arbeid

Aufbau von Industriearmeen, vor allem für die Landwirtschaft.

Oprichting van industriële legers, vooral voor de landbouw.

9. Kombination der Landwirtschaft mit dem verarbeitenden Gewerbe

9. Combinatie van landbouw met verwerkende industrie
allmähliche Aufhebung der Unterscheidung zwischen Stadt und Land durch eine gleichmäßigere Verteilung der Bevölkerung über das Land.
geleidelijke opheffing van het onderscheid tussen stad en platteland, door een gelijkmatiger verdeling van de bevolking over het land.

10. Kostenlose Bildung für alle Kinder in öffentlichen Schulen.
10. Gratis onderwijs voor alle kinderen op openbare scholen.

Abschaffung der Kinderfabrikarbeit in ihrer jetzigen Form
Afschaffing van kinderarbeid in de fabriek in zijn huidige vorm

Kombination von Bildung und industrieller Produktion
Combinatie van onderwijs met industriële productie

Wenn im Laufe der Entwicklung die Klassenunterschiede verschwunden sind
Wanneer in de loop van de ontwikkeling de klassenverschillen zijn verdwenen

und wenn die ganze Produktion in den Händen einer ungeheuren Assoziation der ganzen Nation konzentriert ist
en wanneer alle productie is geconcentreerd in de handen van een grote vereniging van de hele natie

dann verliert die Staatsgewalt ihren politischen Charakter
Dan zal de publieke macht haar politieke karakter verliezen

Politische Macht, eigentlich so genannt, ist nichts anderes als die organisierte Macht einer Klasse, um eine andere zu unterdrücken
Politieke macht, zoals dat eigenlijk wordt genoemd, is niets anders dan de georganiseerde macht van de ene klasse om de andere te onderdrukken

Wenn das Proletariat in seinem Kampf mit der Bourgeoisie durch die Gewalt der Umstände gezwungen ist, sich als Klasse zu organisieren

Als het proletariaat in zijn strijd met de bourgeoisie door de kracht van de omstandigheden gedwongen is zich als een klasse te organiseren

wenn sie sich durch eine Revolution zur herrschenden Klasse macht

als zij zich door middel van een revolutie tot heersende klasse maakt

und als solche fegt sie mit Gewalt die alten Produktionsbedingungen hinweg

En als zodanig veegt het met geweld de oude productieverhoudingen weg

dann wird sie mit diesen Bedingungen auch die Bedingungen für die Existenz der Klassengegensätze und der Klassen überhaupt hinweggefegt haben

Dan zal het, samen met deze voorwaarden, de voorwaarden voor het bestaan van klassentegenstellingen en van klassen in het algemeen hebben weggevaagd

und wird damit seine eigene Vorherrschaft als Klasse aufgehoben haben.

en zal daarmee haar eigen suprematie als klasse hebben afgeschaft.

An die Stelle der alten Bourgeoisie Gesellschaft mit ihren Klassen und Klassengegensätzen treten eine Assoziation

In de plaats van de oude bourgeoisiemaatschappij, met haar klassen en klassentegenstellingen, zullen we een vereniging hebben

eine Assoziation, in der die freie Entwicklung eines jeden die Bedingung für die freie Entwicklung aller ist

een vereniging waarin de vrije ontwikkeling van elk de voorwaarde is voor de vrije ontwikkeling van allen

1) Reaktionärer Sozialismus
1) Reactionair socialisme

a) Feudaler Sozialismus
a) Feodaal socialisme

die Aristokratien Frankreichs und Englands hatten eine einzigartige historische Stellung
de aristocratieën van Frankrijk en Engeland hadden een unieke historische positie
es wurde zu ihrer Berufung, Pamphlete gegen die moderne Boureoisie Gesellschaft zu schreiben
het werd hun roeping om pamfletten te schrijven tegen de moderne bourgeoisiemaatschappij
In der französischen Revolution vom Juli 1830 und in der englischen Reformagitation
In de Franse revolutie van juli 1830 en in de Engelse hervormingsagitatie
Diese Aristokratien erlagen wieder dem hasserfüllten Emporkömmling
Deze aristocratieën bezweken opnieuw voor de haatdragende parvenu
An eine ernsthafte politische Auseinandersetzung war fortan nicht mehr zu denken
Van een serieuze politieke strijd was dus geen sprake.
Alles, was möglich blieb, war eine literarische Schlacht, keine wirkliche Schlacht
Het enige wat nog mogelijk was, was een literaire strijd, geen echte strijd
Aber auch auf dem Gebiet der Literatur waren die alten Schreie der Restaurationszeit unmöglich geworden
Maar zelfs op het gebied van de literatuur waren de oude kreten van de restauratieperiode onmogelijk geworden
Um Sympathie zu erregen, mußte die Aristokratie offenbar ihre eigenen Interessen aus den Augen verlieren

Om sympathie op te wekken moest de aristocratie blijkbaar
haar eigen belangen uit het oog verliezen

**und sie waren gezwungen, ihre Anklage gegen die
Bourgeoisie im Interesse der ausgebeuteten Arbeiterklasse
zu formulieren**

en zij waren verplicht hun aanklacht tegen de bourgeoisie te
formuleren in het belang van de uitgebuite arbeidersklasse

**So rächte sich die Aristokratie, indem sie ihren neuen Herrn
verspottete**

Zo nam de aristocratie wraak door schimpscheuten te zingen
over hun nieuwe meester

**Und sie rächten sich, indem sie ihm unheimliche
Prophezeiungen über die kommende Katastrophe ins Ohr
flüsterten**

En zij namen wraak door hem sinistere profetieën over een
komende catastrofe in het oor te fluisteren

So entstand der feudale Sozialismus: halb Klage, halb Spott

Zo ontstond het feodale socialisme: half weeklagen, half schijn

**Es klang halb wie ein Echo der Vergangenheit und
projizierte halb die Bedrohung der Zukunft**

Het klonk als een halve echo van het verleden en een halve
dreiging van de toekomst

**zuweilen traf sie durch ihre bittere, geistreiche und scharfe
Kritik die Bourgeoisie bis ins Mark**

soms trof het de bourgeoisie door zijn bittere, geestige en
scherpe kritiek tot in het diepst van de kern

**aber es war immer lächerlich in seiner Wirkung, weil es
völlig unfähig war, den Gang der neueren Geschichte zu
begreifen**

Maar het was altijd belachelijk in zijn effect, door het totale
onvermogen om de opmars van de moderne geschiedenis te
begrijpen

**Die Aristokratie schwenkte, um das Volk um sich zu
scharen, den proletarischen Almosensack als Banner**

Om het volk voor zich te winnen, zwaaide de aristocratie met
de proletarische aalmoezenzak voor zich uit als een spandoek

Aber das Volk, so oft es sich zu ihnen gesellte, sah auf seinem Hinterteil die alten Feudalwappen

Maar het volk, zo dikwijls als het zich bij hen voegde, zag op zijn achterhand de oude feodale wapenschilden

Und sie verließen mit lautem und respektlosem Gelächter

en zij verlieten met luid en oneerbiedig gelach

Ein Teil der französischen Legitimisten und des "jungen Englands" zeigte dieses Schauspiel

Een deel van de Franse legitimisten en "Jong Engeland" exposeerde dit schouwspel

die Feudalisten wiesen darauf hin, dass ihre Ausbeutungsweise eine andere sei als die der Bourgeoisie

de feodalisten wezen erop dat hun manier van uitbuiting anders was dan die van de bourgeoisie

Die Feudalisten vergessen, dass sie unter ganz anderen Umständen und Bedingungen ausgebeutet haben

De feodalisten vergeten dat ze onder heel andere omstandigheden en voorwaarden uitbuitten

Und sie haben nicht bemerkt, dass solche Methoden der Ausbeutung heute veraltet sind

En ze merkten niet dat dergelijke exploitatiemethoden nu verouderd zijn

Sie zeigten, dass unter ihrer Herrschaft das moderne Proletariat nie existiert hat

Zij toonden aan dat het moderne proletariaat onder hun bewind nooit heeft bestaan

aber sie vergessen, daß die moderne Bourgeoisie der notwendige Sprößling ihrer eigenen Gesellschaftsform ist

maar ze vergeten dat de moderne bourgeoisie de noodzakelijke nakomeling is van hun eigen maatschappijvorm

Im übrigen verbergen sie kaum den reaktionären Charakter ihrer Kritik

Voor het overige verhullen ze het reactionaire karakter van hun kritiek nauwelijks

ihre Hauptanklage gegen die Bourgeoisie läuft auf folgendes hinaus

hun voornaamste beschuldiging tegen de bourgeoisie komt op het volgende neer

unter dem Boureoisie Regime entwickelt sich eine soziale Klasse

onder het regime van de bourgeoisie wordt een sociale klasse ontwikkeld

Diese soziale Klasse ist dazu bestimmt, die alte Gesellschaftsordnung an der Wurzel zu zerschneiden

Deze sociale klasse is voorbestemd om de oude orde van de samenleving met wortel en tak af te snijden

Womit sie die Bourgeoisie aufpeppen, ist nicht so sehr, dass sie ein Proletariat schafft

Wat ze de bourgeoisie verwijten is niet zozeer dat ze een proletariaat creëert

womit sie die Bourgeoisie aufpeppen, ist mehr, dass sie ein revolutionäres Proletariat schafft

wat ze de bourgeoisie verwijten is meer, dat ze een revolutionair proletariaat schept

In der politischen Praxis beteiligen sie sich daher an allen Zwangsmaßnahmen gegen die Arbeiterklasse

In de politieke praktijk nemen zij dus deel aan alle dwangmaatregelen tegen de arbeidersklasse

Und im gewöhnlichen Leben bücken sie sich, trotz ihrer hochtrabenden Phrasen, um die goldenen Äpfel aufzuheben, die vom Baum der Industrie fallen gelassen wurden

En in het gewone leven bukken ze, ondanks hun hoogdravende zinnen, zich om de gouden appels op te rapen die van de boom van de industrie zijn gevallen

Und sie tauschen Wahrheit, Liebe und Ehre gegen den Handel mit Wolle, Rote-Bete-Zucker und Kartoffelbränden

En zij ruilen waarheid, liefde en eer voor handel in wol, bietensuiker en aardappel-eau-de-vie

Wie der Pfarrer immer Hand in Hand mit dem Gutsherrn gegangen ist, so ist es der klerikale Sozialismus mit dem feudalen Sozialismus getan

Zoals de dominee altijd hand in hand is gegaan met de grootgrondbezitter, zo is ook het klerikale socialisme gegaan met het feodale socialisme

Nichts ist leichter, als der christlichen Askese einen sozialistischen Anstrich zu geben

Niets is gemakkelijker dan de christelijke ascese een socialistisch tintje te geven

Hat nicht das Christentum gegen das Privateigentum, gegen die Ehe, gegen den Staat deklamiert?

Heeft het christendom zich niet uitgesproken tegen het privé-eigendom, tegen het huwelijk, tegen de staat?

Hat das Christentum nicht an die Stelle dieser Nächstenliebe und Armut getreten?

Heeft het Christendom niet gepredikt in de plaats van deze, naastenliefde en armoede?

Predigt das Christentum nicht den Zölibat und die Abtötung des Fleisches, das monastische Leben und die Mutter Kirche?

Predikt het christendom niet het celibaat en de versterving van het vlees, het kloosterleven en de Moederkerk?

Der christliche Sozialismus ist nur das Weihwasser, mit dem der Priester das Herzbrennen des Aristokraten weiht

Het christelijk socialisme is niets anders dan het heilige water waarmee de priester de hartverbrandingen van de aristocraat inwijdt

b) Kleinbürgerlicher Sozialismus
b) Kleinburgerlijk socialisme

Die feudale Aristokratie war nicht die einzige Klasse, die von der Bourgeoisie ruiniert wurde
De feodale aristocratie was niet de enige klasse die door de bourgeoisie werd geruïneerd
sie war nicht die einzige Klasse, deren Existenzbedingungen in der Atmosphäre der modernen Bourgeoisie Gesellschaft schmachten und zugrunde gingen
het was niet de enige klasse wier bestaansvoorwaarden kwijnden en ten onder gingen in de atmosfeer van de moderne bourgeoisiemaatschappij
Die mittelalterliche Bürgerschaft und die kleinbäuerlichen Eigentümer waren die Vorläufer des modernen Bourgeoisie
De middeleeuwse burgers en de kleine boeren waren de voorlopers van de moderne bourgeoisie
In den Ländern, die industriell und kommerziell nur wenig entwickelt sind, vegetieren diese beiden Klassen noch Seite an Seite
In de landen die op industrieel en commercieel gebied nog maar weinig ontwikkeld zijn, vegeteren deze twee klassen nog steeds naast elkaar
und in der Zwischenzeit erhebt sich die Bourgeoisie neben ihnen: industriell, kommerziell und politisch
en intussen staat de bourgeoisie naast hen op: industrieel, commercieel en politiek
In den Ländern, in denen die moderne Zivilisation voll entwickelt ist, hat sich eine neue Klasse des Kleinbourgeoisie gebildet
In landen waar de moderne beschaving volledig ontwikkeld is, heeft zich een nieuwe klasse van kleinburgerij gevormd
diese neue soziale Klasse schwankt zwischen Proletariat und Bourgeoisie
deze nieuwe sociale klasse schommelt tussen proletariaat en bourgeoisie

und sie erneuert sich ständig als ergänzender Teil der Bourgeoisie Gesellschaft

en het vernieuwt zich steeds als een aanvullend deel van de burgerlijke samenleving

Die einzelnen Glieder dieser Klasse aber werden fortwährend in das Proletariat hinabgeschleudert

De individuele leden van deze klasse worden echter voortdurend in het proletariaat geslingerd

sie werden vom Proletariat durch die Einwirkung der Konkurrenz aufgesaugt

Ze worden door het proletariaat opgezogen door de werking van de concurrentie

In dem Maße, wie sich die moderne Industrie entwickelt, sehen sie sogar den Augenblick herannahen, in dem sie als eigenständiger Teil der modernen Gesellschaft völlig verschwinden wird

Naarmate de moderne industrie zich ontwikkelt, zien ze zelfs het moment naderen waarop ze volledig zullen verdwijnen als een zelfstandig deel van de moderne samenleving

Sie werden in der Manufaktur, in der Landwirtschaft und im Handel durch Aufseher, Gerichtsvollzieher und Krämer ersetzt werden

Zij zullen in de industrie, de landbouw en de handel worden vervangen door opzichters, deurwaarders en winkeliers

In Ländern wie Frankreich, wo die Bauern weit mehr als die Hälfte der Bevölkerung ausmachen

In landen als Frankrijk, waar de boeren veel meer dan de helft van de bevolking uitmaken

es war natürlich, dass es Schriftsteller gab, die sich auf die Seite des Proletariats gegen die Bourgeoisie stellten

het was natuurlijk dat er schrijvers waren die de kant van het proletariaat kozen tegen de bourgeoisie

in ihrer Kritik am Bourgeoisie Regime benutzten sie den Maßstab des Bauern- und Kleinbourgeoisie

in hun kritiek op het regime van de bourgeoisie gebruikten ze de standaard van de boeren- en kleinburgerij

Und vom Standpunkt dieser Zwischenklassen aus ergreifen sie die Keule für die Arbeiterklasse

En vanuit het standpunt van deze tussenklassen nemen zij de knuppel in het hoenderhok van de arbeidersklasse

So entstand der Kleinbourgeoisie Sozialismus, dessen Haupt Sismondi nicht nur in Frankreich, sondern auch in England war

Zo ontstond het kleinburgerlijke socialisme, waarvan Sismondi het hoofd van deze school was, niet alleen in Frankrijk, maar ook in Engeland

Diese Schule des Sozialismus sezierte mit großer Schärfe die Widersprüche in den Bedingungen der modernen Produktion

Deze school van het socialisme ontleedde met grote scherpzinnigheid de tegenstrijdigheden in de voorwaarden van de moderne productie

Diese Schule entlarvte die heuchlerischen Entschuldigungen der Ökonomen

Deze school legde de hypocriete verontschuldigingen van economen bloot

Diese Schule bewies unwiderlegbar die verheerenden Auswirkungen der Maschinerie und der Arbeitsteilung

Deze school bewees onomstotelijk de desastreuze gevolgen van machinerie en arbeidsdeling

Es bewies die Konzentration von Kapital und Grund und Boden in wenigen Händen

Het bewees de concentratie van kapitaal en land in enkele handen

sie bewies, wie Überproduktion zu Bourgeoisie-Krisen führt

het bewees hoe overproductie leidt tot crises in de bourgeoisie

sie wies auf den unvermeidlichen Ruin des Kleinbourgeoisie' und der Bauern hin

het wees op de onvermijdelijke ondergang van de kleinburgerij en de boeren

das Elend des Proletariats, die Anarchie in der Produktion, die schreiende Ungleichheit in der Verteilung des Reichtums

de ellende van het proletariaat, de anarchie in de productie, de schreeuwende ongelijkheden in de verdeling van de rijkdom

Er zeigte, wie das Produktionssystem den industriellen Vernichtungskrieg zwischen den Nationen führt

Het liet zien hoe het productiesysteem de industriële uitroeiingsoorlog tussen naties leidt

die Auflösung der alten sittlichen Bande, der alten Familienverhältnisse, der alten Nationalitäten

de ontbinding van oude morele banden, van de oude familiebanden, van de oude nationaliteiten

In ihren positiven Zielen strebt diese Form des Sozialismus jedoch eines von zwei Dingen an

In haar positieve doelstellingen streeft deze vorm van socialisme echter naar een van de volgende twee dingen

Entweder zielt sie darauf ab, die alten Produktions- und Tauschmittel wiederherzustellen

Ofwel beoogt het het herstel van de oude productie- en ruilmiddelen

und mit den alten Produktionsmitteln würde sie die alten Eigentumsverhältnisse und die alte Gesellschaft wiederherstellen

En met de oude productiemiddelen zou het de oude eigendomsverhoudingen en de oude maatschappij herstellen

oder sie zielt darauf ab, die modernen Produktions- und Austauschmittel in den alten Rahmen der Eigentumsverhältnisse zu zwängen

Of het is de bedoeling om de moderne productie- en ruilmiddelen in het oude kader van de eigendomsverhoudingen te plaatsen

In beiden Fällen ist es sowohl reaktionär als auch utopisch

In beide gevallen is het zowel reactionair als utopisch

**Seine letzten Worte lauten: Korporativzünfte für die
Manufaktur, patriarchalische Verhältnisse in der
Landwirtschaft**
De laatste woorden zijn: corporatieve gilden voor de industrie,
patriarchale verhoudingen in de landbouw
**Schließlich, als hartnäckige historische Tatsachen alle
berauschenden Wirkungen der Selbsttäuschung zerstreut
hatten,**
Uiteindelijk, toen hardnekkige historische feiten alle
bedwelmende effecten van zelfbedrog hadden verdreven
**diese Form des Sozialismus endete in einem elenden Anfall
von Mitleid**
deze vorm van socialisme eindigde in een ellendige vlaag van
medelijden

c) Deutscher oder "wahrer" Sozialismus
c) Duits, of 'echt', socialisme

Die sozialistische und kommunistische Literatur Frankreichs entstand unter dem Druck einer herrschenden Bourgeoisie
De socialistische en communistische literatuur van Frankrijk is ontstaan onder druk van een bourgeoisie aan de macht
Und diese Literatur war der Ausdruck des Kampfes gegen diese Macht
En deze literatuur was de uitdrukking van de strijd tegen deze macht
sie wurde in Deutschland zu einer Zeit eingeführt, als die Bourgeoisie gerade ihren Kampf mit dem feudalen Absolutismus begonnen hatte
het werd in Duitsland ingevoerd in een tijd dat de bourgeoisie net haar strijd met het feodale absolutisme was begonnen
Deutsche Philosophen, Möchtegern-Philosophen und Beaux Esprits griffen begierig zu dieser Literatur
Duitse filosofen, would-be filosofen en beaux esprits, grepen deze literatuur gretig aan
aber sie vergaßen, daß die Schriften aus Frankreich nach Deutschland einwanderten, ohne die französischen Gesellschaftsverhältnisse mitzubringen
maar ze vergaten dat de geschriften vanuit Frankrijk naar Duitsland emigreerden zonder de Franse sociale omstandigheden mee te brengen
Im Kontakt mit den deutschen gesellschaftlichen Verhältnissen verlor diese französische Literatur ihre unmittelbare praktische Bedeutung
In contact met de Duitse sociale verhoudingen verloor deze Franse literatuur al haar onmiddellijke praktische betekenis
und die kommunistische Literatur Frankreichs nahm in deutschen akademischen Kreisen einen rein literarischen Aspekt an

en de communistische literatuur van Frankrijk nam in Duitse
academische kringen een zuiver literair aspect aan

**So waren die Forderungen der ersten Französischen
Revolution nichts anderes als die Forderungen der
"praktischen Vernunft"**

De eisen van de eerste Franse Revolutie waren dus niets
anders dan de eisen van de 'praktische rede'

**und die Willensäußerung der revolutionären französischen
Bourgeoisie bedeutete in ihren Augen das Gesetz des reinen
Willens**

en het uitspreken van de wil van de revolutionaire Franse
bourgeoisie betekende in hun ogen de wet van de zuivere wil

**es bedeutete den Willen, wie er sein mußte; des wahren
menschlichen Willens überhaupt**

het betekende de Wil zoals die moest zijn; van de ware
menselijke Wil in het algemeen

**Die Welt der deutschen Literaten bestand einzig und allein
darin, die neuen französischen Ideen mit ihrem alten
philosophischen Gewissen in Einklang zu bringen**

De wereld van de Duitse literatoren bestond er uitsluitend in
de nieuwe Franse ideeën in overeenstemming te brengen met
hun oude filosofische geweten

**oder vielmehr, sie annektierten die französischen Ideen,
ohne ihren eigenen philosophischen Standpunkt
aufzugeben**

of beter gezegd, ze annexeerden de Franse ideeën zonder hun
eigen filosofische standpunt op te geven

**Diese Annexion vollzog sich auf die gleiche Weise, wie man
sich eine Fremdsprache aneignet, nämlich durch
Übersetzung**

Deze annexatie vond plaats op dezelfde manier als waarop
een vreemde taal wordt toegeëigend, namelijk door vertaling

**Es ist bekannt, wie die Mönche alberne Leben katholischer
Heiliger über Manuskripte schrieben**

Het is bekend hoe de monniken dwaze levens van katholieke
heiligen schreven over manuscripten

die Manuskripte, auf denen die klassischen Werke des antiken Heidentums geschrieben waren

de manuscripten waarop de klassieke werken van het oude heidendom waren geschreven

Die deutschen Literaten kehrten diesen Prozess mit der profanen französischen Literatur um

De Duitse literatoren keerden dit proces om met de profane Franse literatuur

Sie schrieben ihren philosophischen Unsinn unter das französische Original

Ze schreven hun filosofische onzin onder het Franse origineel

Zum Beispiel schrieben sie unter der französischen Kritik an den ökonomischen Funktionen des Geldes "Entfremdung der Menschheit"

Onder de Franse kritiek op de economische functies van geld schreven ze bijvoorbeeld "Vervreemding van de mensheid"

unter die französische Kritik am Bourgeoisie Staat schrieben sie "Entthronung der Kategorie des Generals"

onder de Franse kritiek op de bourgeoisie van de staat schreven ze "onttroning van de categorie van de generaal"

Die Einführung dieser philosophischen Phrasen hinter der französischen Geschichtskritik nannten sie:

De introductie van deze filosofische zinnen aan de achterkant van de Franse historische kritieken noemden ze:

"Philosophie des Handelns", "Wahrer Sozialismus", "Deutsche Sozialismuswissenschaft", "Philosophische Grundlagen des Sozialismus" und so weiter

'Filosofie van het handelen', 'Het ware socialisme', 'Duitse wetenschap van het socialisme', 'Filosofische grondslag van het socialisme', enzovoort

Die französische sozialistische und kommunistische Literatur wurde damit völlig entmannt

De Franse socialistische en communistische literatuur werd dus volledig ontmand

in den Händen der deutschen Philosophen hörte sie auf, den Kampf der einen Klasse mit der anderen auszudrücken

in de handen van de Duitse filosofen hield het op de strijd van de ene klasse met de andere uit te drukken

und so fühlten sich die deutschen Philosophen bewußt, die "französische Einseitigkeit" überwunden zu haben

en dus voelden de Duitse filosofen zich ervan bewust dat ze de 'Franse eenzijdigheid' hadden overwonnen

Sie musste keine wahren Forderungen repräsentieren, sondern sie repräsentierte Forderungen der Wahrheit

Het hoefde geen ware vereisten te vertegenwoordigen, integendeel, het vertegenwoordigde vereisten van waarheid

es gab kein Interesse am Proletariat, sondern an der menschlichen Natur

er was geen belangstelling voor het proletariaat, integendeel, er was belangstelling voor de menselijke natuur

das Interesse galt dem Menschen überhaupt, der keiner Klasse angehört und keine Wirklichkeit hat

de belangstelling ging uit naar de mens in het algemeen, die tot geen enkele klasse behoort en geen werkelijkheid heeft

ein Mann, der nur im nebligen Reich der philosophischen Fantasie existiert

Een man die alleen bestaat in het mistige rijk van de filosofische fantasie

aber schließlich verlor auch dieser deutsche Schulsozialismus seine pedantische Unschuld

maar uiteindelijk verloor ook dit Duitse schooljongenssocialisme zijn pedante onschuld

die deutsche Bourgeoisie und besonders die preußische Bourgeoisie kämpfte gegen die feudale Aristokratie

de Duitse bourgeoisie, en vooral de Pruisische bourgeoisie vochten tegen de feodale aristocratie

auch die absolute Monarchie Deutschlands und Preußens wurde bekämpft

ook de absolute monarchie van Duitsland en Pruisen werd bestreden

Und im Gegenzug wurde auch die Literatur der liberalen Bewegung ernster

En op haar beurt werd de literatuur van de liberale beweging ook serieuzer

Deutschlands lang ersehnte Chance auf einen "wahren" Sozialismus wurde geboten

Duitslands lang verlangde kans op het 'ware' socialisme werd geboden

die Möglichkeit, die politische Bewegung mit den sozialistischen Forderungen zu konfrontieren

de mogelijkheid om de politieke beweging te confronteren met de socialistische eisen

die Gelegenheit, die traditionellen Bannsprüche gegen den Liberalismus zu schleudern

de gelegenheid om de traditionele banvloeken tegen het liberalisme te slingeren

die Möglichkeit, die repräsentative Regierung und die Bourgeoisie Konkurrenz anzugreifen

de mogelijkheid om de representatieve regering en de concurrentie van de bourgeoisie aan te vallen

Pressefreiheit der Bourgeoisie, Bourgeoisie Gesetzgebung, Bourgeoisie Freiheit und Gleichheit

Burgerlijke persvrijheid, Burgerlijke wetgeving, Burgerlijke vrijheid en gelijkheid

All dies könnte nun in der realen Welt kritisiert werden, anstatt in der Fantasie

Al deze kunnen nu in de echte wereld worden bekritiseerd, in plaats van in fantasie

Feudalaristokratie und absolute Monarchie hatten den Massen lange gepredigt

De feodale aristocratie en de absolute monarchie hadden lang aan de massa's gepredikt

"Der Arbeiter hat nichts zu verlieren und er hat alles zu gewinnen"

"De werkende mens heeft niets te verliezen, en hij heeft alles te winnen"

auch die Bourgeoisie bewegung bot eine Chance, sich mit diesen Plattitüden auseinanderzusetzen

de bourgeoisiebeweging bood ook een kans om deze
gemeenplaatsen aan te pakken

**die französische Kritik setzte die Existenz der modernen
Bourgeoisie Gesellschaft voraus**

de Franse kritiek veronderstelde het bestaan van de moderne
bourgeoisiemaatschappij

**Bourgeoisie, ökonomische Existenzbedingungen und
Bourgeoisie politische Verfassung**

De economische bestaansvoorwaarden van de bourgeoisie en
de politieke constitutie van de bourgeoisie

**gerade die Dinge, deren Errungenschaft Gegenstand des in
Deutschland anstehenden Kampfes war**

precies die dingen waarvan de verwezenlijking het doel was
van de op handen zijnde strijd in Duitsland

**Deutschlands albernes Echo des Sozialismus hat diese Ziele
gerade noch rechtzeitig aufgegeben**

De dwaze echo van het socialisme in Duitsland liet deze
doelen op het nippertje varen

**Die absoluten Regierungen hatten ihre Gefolgschaft aus
Pfarrern, Professoren, Landjunkern und Beamten**

De absolute regeringen hadden hun aanhang van dominees,
professoren, landjonkers en ambtenaren

**die damalige Regierung begegnete den deutschen
Arbeiteraufständen mit Auspeitschungen und Kugeln**

de toenmalige regering beantwoordde de Duitse
arbeidersopstanden met zweepslagen en kogels

**ihnen diente dieser Sozialismus als willkommene
Vogelscheuche gegen die drohende Bourgeoisie**

voor hen diende dit socialisme als een welkome
vogelverschrikker tegen de dreigende bourgeoisie

**und die deutsche Regierung konnte nach den bitteren
Pillen, die sie austeilte, ein süßes Dessert anbieten**

en de Duitse regering kon een zoet dessert aanbieden na de
bittere pillen die ze uitdeelde

**dieser "wahre" Sozialismus diente also den Regierungen als
Waffe im Kampf gegen die deutsche Bourgeoisie**

dit 'ware' socialisme diende de regeringen dus als wapen in de
strijd tegen de Duitse bourgeoisie
**und gleichzeitig repräsentierte sie direkt ein reaktionäres
Interesse; die der deutschen Philister**
en tegelijkertijd vertegenwoordigde het direct een reactionair
belang; die van de Duitse Filistijnen
**In Deutschland ist das Kleinbourgeoisie die wirkliche
gesellschaftliche Grundlage des bestehenden Zustandes**
In Duitsland is de klasse van de kleinburgerij de werkelijke
maatschappelijke basis van de bestaande stand van zaken
**Ein Relikt des sechzehnten Jahrhunderts, das immer wieder
in verschiedenen Formen auftaucht**
een overblijfsel uit de zestiende eeuw dat voortdurend onder
verschillende vormen opduikt
**Diese Klasse zu bewahren bedeutet, den bestehenden
Zustand in Deutschland zu bewahren**
Het behoud van deze klasse is het behoud van de bestaande
stand van zaken in Duitsland
**Die industrielle und politische Vorherrschaft der
Bourgeoisie bedroht das KleinBourgeoisie mit der sicheren
Vernichtung**
De industriële en politieke suprematie van de bourgeoisie
bedreigt de kleinburgerij met een zekere ondergang
**auf der einen Seite droht sie das Kleinbourgeoisiedurch die
Konzentration des Kapitals zu vernichten**
aan de ene kant dreigt het de kleinburgerij te vernietigen door
de concentratie van kapitaal
**auf der anderen Seite droht die Bourgeoisie, sie durch den
Aufstieg eines revolutionären Proletariats zu zerstören**
aan de andere kant dreigt de bourgeoisie haar te vernietigen
door de opkomst van een revolutionair proletariaat
**Der "wahre" Sozialismus schien diese beiden Fliegen mit
einer Klappe zu schlagen. Es breitete sich wie eine Epidemie
aus**
Het 'echte' socialisme leek deze twee vliegen in één klap te
slaan. Het verspreidde zich als een epidemie

Das Gewand spekulativer Spinnweben, bestickt mit Blumen der Rhetorik, durchtränkt vom Tau kränklicher Gefühle

Het gewaad van speculatieve spinnenwebben, geborduurd met bloemen van retoriek, gedrenkt in de dauw van ziekelijk sentiment

dieses transzendentale Gewand, in das die deutschen Sozialisten ihre traurigen "ewigen Wahrheiten" hüllten

dit transcendentale gewaad waarin de Duitse socialisten hun droevige 'eeuwige waarheden' wikkelden

alle Haut und Knochen, dienten dazu, den Absatz ihrer Waren bei einem solchen Publikum wunderbar zu vermehren.

allemaal vel over been, dienden om de verkoop van hun goederen onder zo'n publiek wonderbaarlijk te vergroten

Und der deutsche Sozialismus seinerseits erkannte mehr und mehr seine eigene Berufung

En van zijn kant erkende het Duitse socialisme meer en meer zijn eigen roeping

sie war berufen, die bombastische Vertreterin des Kleinbourgeoisie Philisters zu sein

het werd geroepen om de bombastische vertegenwoordiger van de kleinburgerlijke filisterijn te zijn

Sie proklamierte die deutsche Nation als Musternation und den deutschen Kleinphilister als Mustermann

Het riep de Duitse natie uit tot de modelnatie en de Duitse kleine filistijn tot de modelmens

Jeder schurkischen Gemeinheit dieses Mustermenschen gab sie eine verborgene, höhere, sozialistische Deutung

Aan elke boosaardige gemeenheid van deze modelmens gaf het een verborgen, hogere, socialistische interpretatie

diese höhere, sozialistische Deutung war das genaue Gegenteil ihres wirklichen Charakters

deze hogere, socialistische interpretatie was precies het tegenovergestelde van haar werkelijke aard

Sie ging so weit, sich der "brutal destruktiven" Tendenz des Kommunismus direkt entgegenzustellen

Het ging zo ver dat het zich rechtstreeks verzette tegen de "brutaal destructieve" neiging van het communisme

und sie proklamierte ihre höchste und unparteiische Verachtung aller Klassenkämpfe

en het verkondigde zijn opperste en onpartijdige minachting voor alle klassenstrijd

Mit sehr wenigen Ausnahmen gehören alle sogenannten sozialistischen und kommunistischen Publikationen, die jetzt (1847) in Deutschland zirkulieren, in den Bereich dieser üblen und entnervenden Literatur

Op enkele uitzonderingen na behoren alle zogenaamde socialistische en communistische publicaties die nu (1847) in Duitsland circuleren, tot het domein van deze smerige en enerverende literatuur

2) Konservativer Sozialismus oder bürgerlicher Sozialismus
2) Conservatief socialisme, of bourgeoisie socialisme

Ein Teil der Bourgeoisie will soziale Missstände beseitigen
Een deel van de bourgeoisie verlangt ernaar om sociale grieven recht te zetten
um den Fortbestand der Bourgeoisie Gesellschaft zu sichern
om het voortbestaan van de bourgeoisiemaatschappij veilig te stellen
Zu dieser Sektion gehören Ökonomen, Philanthropen, Menschenfreunde
Tot deze sectie behoren economen, filantropen, humanitairen
Verbesserer der Lage der Arbeiterklasse und Organisatoren der Wohltätigkeit
Verbetering van de toestand van de arbeidersklasse en organisatoren van liefdadigheid
Mitglieder von Gesellschaften zur Verhütung von Tierquälerei
Leden van verenigingen ter voorkoming van dierenmishandeling
Mäßigkeitsfanatiker, Loch-und-Ecken-Reformer aller erdenklichen Art
Drankbestrijdingsfanatici, hervormers van elke denkbare soort
Diese Form des Sozialismus ist überdies zu vollständigen Systemen ausgearbeitet worden
Deze vorm van socialisme is bovendien uitgewerkt tot complete systemen
Als Beispiel für diese Form sei Proudhons "Philosophie de la Misère" angeführt
We kunnen Proudhon's "Philosophie de la Misère" als voorbeeld van deze vorm noemen
Die sozialistische Bourgeoisie will alle Vorteile der modernen gesellschaftlichen Verhältnisse
De socialistische bourgeoisie wil alle voordelen van de moderne sociale verhoudingen

aber die sozialistische Bourgeoisie will nicht unbedingt die daraus resultierenden Kämpfe und Gefahren

maar de socialistische bourgeoisie wil niet per se de daaruit voortvloeiende strijd en gevaren

Sie wollen den bestehenden Zustand der Gesellschaft, abzüglich ihrer revolutionären und zerfallenden Elemente

Ze verlangen naar de bestaande staat van de maatschappij, minus haar revolutionaire en desintegrerende elementen

mit anderen Worten, sie wünschen sich eine Bourgeoisie ohne Proletariat

met andere woorden, zij wensen een bourgeoisie zonder proletariaat

Die Bourgeoisie begreift natürlich die Welt, in der sie die höchste ist, die Beste zu sein

De bourgeoisie stelt zich natuurlijk de wereld voor waarin het oppermachtig is de beste te zijn

und der Bourgeoisie Sozialismus entwickelt diese bequeme Auffassung zu verschiedenen mehr oder weniger vollständigen Systemen

en het bourgeoisie-socialisme ontwikkelt deze comfortabele opvatting tot verschillende min of meer volledige systemen

sie wünschen sich sehr, dass das Proletariat geradewegs in das soziale Neue Jerusalem marschiert

zij zouden heel graag willen dat het proletariaat regelrecht het sociale Nieuwe Jeruzalem binnenmarcheerde

Aber in Wirklichkeit verlangt sie, dass das Proletariat innerhalb der Grenzen der bestehenden Gesellschaft bleibt

Maar in werkelijkheid vereist het dat het proletariaat binnen de grenzen van de bestaande maatschappij blijft

sie fordern das Proletariat auf, alle seine hasserfüllten Ideen über die Bourgeoisie abzulegen

zij vragen het proletariaat om al hun hatelijke ideeën over de bourgeoisie af te werpen

es gibt eine zweite, praktischere, aber weniger systematische Form dieses Sozialismus

er is een tweede, meer praktische, maar minder systematische,
vorm van dit socialisme

**Diese Form des Sozialismus versuchte, jede revolutionäre
Bewegung in den Augen der Arbeiterklasse abzuwerten**

Deze vorm van socialisme probeerde elke revolutionaire
beweging in de ogen van de arbeidersklasse te devalueren

**Sie argumentieren, dass keine bloße politische Reform für
sie von Vorteil sein könnte**

Ze beweren dat geen enkele politieke hervorming enig
voordeel voor hen zou kunnen opleveren

**nur eine Veränderung der materiellen Existenzbedingungen
in den wirtschaftlichen Beziehungen ist von Nutzen**

Alleen een verandering in de materiële bestaansvoorwaarden
in de economische verhoudingen is gunstig

**Wie der Kommunismus tritt auch diese Form des
Sozialismus für eine Veränderung der materiellen
Existenzbedingungen ein**

Net als het communisme pleit deze vorm van socialisme voor
een verandering in de materiële bestaansvoorwaarden

**Diese Form des Sozialismus bedeutet jedoch keineswegs,
dass die Bourgeoisie Produktionsverhältnisse abgeschafft
werden**

Deze vorm van socialisme betekent echter geenszins de
afschaffing van de burgerlijke productieverhoudingen

**die Abschaffung der Bourgeoisie Produktionsverhältnisse
kann nur durch eine Revolution erreicht werden**

de afschaffing van de bourgeoisie productieverhoudingen kan
alleen worden bereikt door een revolutie

**Doch statt einer Revolution schlägt diese Form des
Sozialismus Verwaltungsreformen vor**

Maar in plaats van een revolutie suggereert deze vorm van
socialisme administratieve hervormingen

**und diese Verwaltungsreformen würden auf dem
Fortbestand dieser Beziehungen beruhen**

En deze administratieve hervormingen zouden gebaseerd zijn
op het voortbestaan van deze betrekkingen

Reformen, die in keiner Weise die Beziehungen zwischen Kapital und Arbeit berühren

hervormingen dus die in geen enkel opzicht de verhoudingen tussen kapitaal en arbeid aantasten

im besten Fall verringern solche Reformen die Kosten und vereinfachen die Verwaltungsarbeit der Bourgeoisie Regierung

in het beste geval verminderen dergelijke hervormingen de kosten en vereenvoudigen ze het administratieve werk van de bourgeoisieregering

Der Bourgeoisie Sozialismus kommt dann und nur dann adäquat zum Ausdruck, wenn er zur bloßen Redewendung wird

Het burgerlijk socialisme komt tot een adequate uitdrukking, wanneer en alleen wanneer het slechts een beeldspraak wordt

Freihandel: zum Wohle der Arbeiterklasse

Vrijhandel: ten voordele van de arbeidersklasse

Schutzpflichten: zum Wohle der Arbeiterklasse

Beschermende plichten: ten voordele van de arbeidersklasse

Gefängnisreform: zum Wohle der Arbeiterklasse

Hervorming van het gevangeniswezen: ten voordele van de arbeidersklasse

Das ist das letzte Wort und das einzig ernst gemeinte Wort des Bourgeoisie Sozialismus

Dit is het laatste woord en het enige serieus bedoelde woord van het bourgeoisiesocialisme

Sie ist in dem Satz zusammengefasst: Die Bourgeoisie ist eine Bourgeoisie zum Wohle der Arbeiterklasse

Het wordt samengevat in de zin: de bourgeoisie is een bourgeoisie ten bate van de arbeidersklasse

3) Kritisch-utopischer Sozialismus und Kommunismus
3) Kritisch-utopisch socialisme en communisme

Wir beziehen uns hier nicht auf jene Literatur, die den Forderungen des Proletariats immer eine Stimme gegeben hat
We hebben het hier niet over de literatuur die altijd een stem heeft gegeven aan de eisen van het proletariaat
dies war in jeder großen modernen Revolution vorhanden, wie z. B. in den Schriften von Babeuf und anderen
dit is aanwezig geweest in elke grote moderne revolutie, zoals de geschriften van Babeuf en anderen
Die ersten unmittelbaren Versuche des Proletariats, seine eigenen Ziele zu erreichen, scheiterten notwendigerweise
De eerste directe pogingen van het proletariaat om zijn eigen doelen te bereiken, mislukten noodzakelijkerwijs
Diese Versuche wurden in Zeiten allgemeiner Aufregung unternommen, als die feudale Gesellschaft gestürzt wurde
Deze pogingen werden ondernomen in tijden van universele opwinding, toen de feodale samenleving werd omvergeworpen
Der damals noch unterentwickelte Zustand des Proletariats führte zum Scheitern dieser Versuche
De toen nog onontwikkelde staat van het proletariaat leidde tot het mislukken van die pogingen
und sie scheiterten am Fehlen der wirtschaftlichen Voraussetzungen für ihre Emanzipation
En ze faalden vanwege het ontbreken van de economische voorwaarden voor de emancipatie ervan
Bedingungen, die erst noch geschaffen werden mussten und die durch die bevorstehende Epoche der Bourgeoisie allein hervorgebracht werden konnten
omstandigheden die nog moesten worden voortgebracht, en die alleen door het naderende tijdperk van de bourgeoisie konden worden voortgebracht

Die revolutionäre Literatur, die diese ersten Bewegungen des Proletariats begleitete, hatte notwendigerweise einen reaktionären Charakter

De revolutionaire literatuur die deze eerste bewegingen van het proletariaat begeleidde, had noodzakelijkerwijs een reactionair karakter

Diese Literatur schärfte universelle Askese und soziale Nivellierung in ihrer gröbsten Form ein

Deze literatuur prentte universele ascese en sociale nivellering in zijn meest grove vorm in

Die sozialistischen und kommunistischen Systeme, die man eigentlich so nennt, entstehen in der frühen unentwickelten Periode

De eigenlijke socialistische en communistische stelsels ontstaan in de vroege onontwikkelde periode

Saint-Simon, Fourier, Owen und andere beschrieben den Kampf zwischen Proletariat und Bourgeoisie (siehe Abschnitt 1)

Saint-Simon, Fourier, Owen en anderen, beschreven de strijd tussen proletariaat en bourgeoisie (zie hoofdstuk 1)

Die Begründer dieser Systeme sehen in der Tat die Klassengegensätze

De grondleggers van deze systemen zien inderdaad de klassentegenstellingen

Sie sehen auch das Wirken der sich zersetzenden Elemente in der herrschenden Gesellschaftsform

Ze zien ook de werking van de ontbindende elementen, in de heersende maatschappijvorm

Aber das Proletariat, das noch in den Kinderschuhen steckt, bietet ihnen das Schauspiel einer Klasse ohne jede historische Initiative

Maar het proletariaat, dat nog in de kinderschoenen staat, biedt hen het schouwspel van een klasse zonder enig historisch initiatief

Sie sehen das Schauspiel einer sozialen Klasse ohne unabhängige politische Bewegung

Ze zien het schouwspel van een sociale klasse zonder enige
onafhankelijke politieke beweging

**Die Entwicklung des Klassengegensatzes hält mit der
Entwicklung der Industrie Schritt**

De ontwikkeling van de klassentegenstellingen houdt gelijke
tred met de ontwikkeling van de industrie

**Die ökonomische Lage bietet ihnen also noch nicht die
materiellen Bedingungen für die Befreiung des Proletariats**

De economische situatie biedt hun dus nog niet de materiële
voorwaarden voor de emancipatie van het proletariaat

**Sie suchen also nach einer neuen Sozialwissenschaft, nach
neuen sozialen Gesetzen, die diese Bedingungen schaffen
sollen**

Ze zoeken daarom naar een nieuwe sociale wetenschap, naar
nieuwe sociale wetten, die deze voorwaarden moeten
scheppen

**historisches Handeln besteht darin, sich ihrem persönlichen
erfinderischen Handeln zu beugen**

Historisch handelen is wijken voor hun persoonlijke
inventieve actie

**Historisch geschaffene Emanzipationsbedingungen sollen
phantastischen Verhältnissen weichen**

Historisch gecreëerde voorwaarden voor emancipatie zullen
wijken voor fantastische omstandigheden

**und die allmähliche, spontane Klassenorganisation des
Proletariats soll der Organisation der Gesellschaft weichen**

En de geleidelijke, spontane klassenorganisatie van het
proletariaat moet wijken voor de organisatie van de
maatschappij

**die Organisation der Gesellschaft, die von diesen Erfindern
eigens ersonnen wurde**

de organisatie van de samenleving die speciaal door deze
uitvinders is bedacht

**Die zukünftige Geschichte löst sich in ihren Augen in die
Propaganda und die praktische Durchführung ihrer sozialen
Pläne auf**

De toekomstige geschiedenis lost zich in hun ogen op in de propaganda en de praktische uitvoering van hun sociale plannen

Bei der Ausarbeitung ihrer Pläne sind sie sich bewußt, daß sie sich in erster Linie um die Interessen der Arbeiterklasse kümmern

Bij het opstellen van hun plannen zijn zij zich ervan bewust dat zij zich voornamelijk bekommeren om de belangen van de arbeidersklasse

Nur unter dem Gesichtspunkt, die leidendste Klasse zu sein, existiert das Proletariat für sie

Alleen vanuit het oogpunt van het feit dat zij de meest lijdende klasse zijn, bestaat het proletariaat voor hen

Der unentwickelte Zustand des Klassenkampfes und ihre eigene Umgebung prägen ihre Meinungen

De onontwikkelde staat van de klassenstrijd en hun eigen omgeving vormen hun mening

Sozialisten dieser Art halten sich allen Klassengegensätzen weit überlegen

Dit soort socialisten beschouwen zichzelf als verreweg superieur aan alle klassentegenstellingen

Sie wollen die Lage jedes Mitglieds der Gesellschaft verbessern, auch die der Begünstigten

Ze willen de toestand van elk lid van de samenleving verbeteren, zelfs die van de meest begunstigden

Daher appellieren sie gewöhnlich an die Gesellschaft als Ganzes, ohne Unterschied der Klasse

Daarom doen ze gewoonlijk een beroep op de samenleving als geheel, zonder onderscheid van klasse

Ja, sie appellieren an die Gesellschaft als Ganzes, indem sie die herrschende Klasse bevorzugen

Sterker nog, ze doen een beroep op de samenleving als geheel door de voorkeur te geven aan de heersende klasse

Für sie ist alles, was es braucht, dass andere ihr System verstehen

Voor hen is het enige wat nodig is dat anderen hun systeem begrijpen

Denn wie können die Menschen nicht erkennen, dass der bestmögliche Plan für den bestmöglichen Zustand der Gesellschaft ist?

Want hoe kunnen mensen niet inzien dat het best mogelijke plan is voor de best mogelijke staat van de samenleving?

Daher lehnen sie jede politische und vor allem jede revolutionäre Aktion ab

Daarom verwerpen zij alle politieke, en vooral alle revolutionaire acties

Sie wollen ihre Ziele mit friedlichen Mitteln erreichen

Ze willen hun doelen bereiken met vreedzame middelen

Sie bemühen sich durch kleine Experimente, die notwendigerweise zum Scheitern verurteilt sind

Ze proberen het door kleine experimenten, die noodzakelijkerwijs gedoemd zijn te mislukken

und durch die Kraft des Beispiels versuchen sie, den Weg für das neue soziale Evangelium zu ebnen

en door de kracht van het voorbeeld proberen zij de weg te effenen voor het nieuwe sociale Evangelie

Welch phantastische Bilder von der zukünftigen Gesellschaft, gemalt in einer Zeit, in der sich das Proletariat noch in einem sehr unterentwickelten Zustand befindet

Zulke fantastische beelden van de toekomstige maatschappij, geschilderd in een tijd waarin het proletariaat nog in een zeer onontwikkelde staat verkeert

und sie hat immer noch nur eine phantastische Vorstellung von ihrer eigenen Stellung

En het heeft nog steeds slechts een fantastisch idee van zijn eigen positie

aber ihre ersten instinktiven Sehnsüchte entsprechen den Sehnsüchten des Proletariats

Maar hun eerste instinctieve verlangens komen overeen met de verlangens van het proletariaat

Beide sehnen sich nach einem allgemeinen Umbau der Gesellschaft

Beiden verlangen naar een algemene reconstructie van de samenleving

Aber diese sozialistischen und kommunistischen Veröffentlichungen enthalten auch ein kritisches Element

Maar deze socialistische en communistische publicaties bevatten ook een cruciaal element

Sie greifen jedes Prinzip der bestehenden Gesellschaft an

Ze vallen elk principe van de bestaande samenleving aan

Daher sind sie voll von den wertvollsten Materialien für die Aufklärung der Arbeiterklasse

Daarom zitten ze vol met de meest waardevolle materialen voor de verlichting van de arbeidersklasse

Sie schlagen die Abschaffung der Unterscheidung zwischen Stadt und Land und der Familie vor

Zij stellen voor het onderscheid tussen stad en platteland af te schaffen, en het gezin

die Abschaffung des Gewerbetreibens für Rechnung von Privatpersonen

de afschaffing van de uitoefening van industrieën voor rekening van particulieren

und die Abschaffung des Lohnsystems und die Proklamation des sozialen Friedens

en de afschaffing van het loonsysteem en de afkondiging van sociale harmonie

die Verwandlung der Funktionen des Staates in eine bloße Aufsicht über die Produktion

de omvorming van de functies van de staat tot een loutere superintendentie van de productie

Alle diese Vorschläge deuten einzig und allein auf das Verschwinden der Klassengegensätze hin

Al deze voorstellen wijzen uitsluitend op het verdwijnen van de klassentegenstellingen

Klassengegensätze waren damals gerade erst im Entstehen begriffen

Klassentegenstellingen waren in die tijd nog maar net aan het opduiken

In diesen Veröffentlichungen werden diese Klassengegensätze nur in ihren frühesten, undeutlichen und unbestimmten Formen anerkannt

In deze publicaties worden deze klassentegenstellingen alleen in hun vroegste, onduidelijke en ongedefinieerde vormen erkend

Diese Vorschläge haben also rein utopischen Charakter

Deze voorstellen hebben dus een zuiver utopisch karakter

Die Bedeutung des kritisch-utopischen Sozialismus und des Kommunismus steht in einem umgekehrten Verhältnis zur historischen Entwicklung

De betekenis van het kritisch-utopische socialisme en het communisme staat omgekeerd evenredig aan de historische ontwikkeling

Der moderne Klassenkampf wird sich entwickeln und weiter konkrete Gestalt annehmen

De moderne klassenstrijd zal zich ontwikkelen en vaste vorm blijven krijgen

Dieses fantastische Ansehen des Wettbewerbs wird jeden praktischen Wert verlieren

Deze fantastische positie van de wedstrijd zal alle praktische waarde verliezen

Diese phantastischen Angriffe auf die Klassengegensätze verlieren jede theoretische Rechtfertigung

Deze fantastische aanvallen op klassentegenstellingen zullen elke theoretische rechtvaardiging verliezen

Die Urheber dieser Systeme waren in vielerlei Hinsicht revolutionär

De grondleggers van deze systemen waren in veel opzichten revolutionair

Aber ihre Jünger haben in jedem Fall bloße reaktionäre Sekten gebildet

Maar hun discipelen hebben in alle gevallen louter reactionaire sekten gevormd

Sie halten an den ursprünglichen Ansichten ihrer Meister fest
Ze houden stevig vast aan de oorspronkelijke opvattingen van hun meesters
Aber diese Anschauungen stehen im Gegensatz zur fortschreitenden geschichtlichen Entwicklung des Proletariats
Maar deze opvattingen staan haaks op de voortschrijdende historische ontwikkeling van het proletariaat
Sie bemühen sich daher, und zwar konsequent, den Klassenkampf abzustumpfen
Zij trachten dus, en wel consequent, de klassenstrijd te verstommen
Und sie bemühen sich konsequent, die Klassengegensätze zu versöhnen
En ze proberen consequent de klassentegenstellingen te verzoenen
Noch träumen sie von der experimentellen Umsetzung ihrer gesellschaftlichen Utopien
Ze dromen nog steeds van de experimentele realisatie van hun sociale utopieën
sie träumen immer noch davon, isolierte "Phalanster" zu gründen und "Heimatkolonien" zu gründen
ze dromen er nog steeds van om geïsoleerde "phalansteres" te stichten en "Home Colonies" te stichten
sie träumen davon, eine "Kleine Ikaria" zu errichten – Duodecimo-Ausgaben des Neuen Jerusalem
ze dromen ervan om een "Klein Icaria" op te richten - duodecimo-edities van het Nieuwe Jeruzalem
Und sie träumen davon, all diese Luftschlösser zu verwirklichen
En ze dromen ervan om al deze luchtkastelen te realiseren
Sie sind gezwungen, an die Gefühle und den Geldbeutel der Bourgeoisie zu appellieren
Ze zijn gedwongen een beroep te doen op de gevoelens en de portemonnee van de bourgeoisie

Nach und nach sinken sie in die Kategorie der oben dargestellten reaktionären konservativen Sozialisten
Langzamerhand zinken ze weg in de categorie van de hierboven afgebeelde reactionaire conservatieve socialisten
sie unterscheiden sich von diesen nur durch systematischere Pedanterie
Ze verschillen alleen van deze door meer systematische pedanterie
und sie unterscheiden sich durch ihren fanatischen und abergläubischen Glauben an die Wunderwirkungen ihrer Sozialwissenschaft
En ze onderscheiden zich door hun fanatieke en bijgelovige geloof in de wonderbaarlijke effecten van hun sociale wetenschap
Sie widersetzen sich daher gewaltsam jeder politischen Aktion der Arbeiterklasse
Ze verzetten zich daarom met geweld tegen elke politieke actie van de kant van de arbeidersklasse
ein solches Handeln kann ihrer Meinung nach nur aus blindem Unglauben an das neue Evangelium resultieren
zo'n actie kan volgens hen alleen maar het gevolg zijn van blind ongeloof in het nieuwe evangelie
Die Owenisten in England und die Fourieristen in Frankreich stehen den Chartisten und den "Réformisten" entgegen
De Owenisten in Engeland en de Fourieristen in Frankrijk verzetten zich respectievelijk tegen de chartisten en de "Réformistes"

Stellung der Kommunisten zu den verschiedenen bestehenden Oppositionsparteien

Positie van de communisten ten opzichte van de verschillende bestaande oppositiepartijen

Abschnitt II hat die Beziehungen der Kommunisten zu den bestehenden Arbeiterparteien deutlich gemacht

Deel II heeft de verhoudingen van de communisten tot de bestaande arbeiderspartijen duidelijk gemaakt

wie die Chartisten in England und die Agrarreformer in Amerika

zoals de chartisten in Engeland en de agrarische hervormers in Amerika

Die Kommunisten kämpfen für die Erreichung der unmittelbaren Ziele

De communisten strijden voor het bereiken van de onmiddellijke doelen

Sie kämpfen für die Durchsetzung der momentanen Interessen der Arbeiterklasse

Ze strijden voor de handhaving van de tijdelijke belangen van de arbeidersklasse

Aber in der politischen Bewegung der Gegenwart repräsentieren und kümmern sie sich auch um die Zukunft dieser Bewegung

Maar in de politieke beweging van nu vertegenwoordigen en zorgen ze ook voor de toekomst van die beweging

In Frankreich verbünden sich die Kommunisten mit den Sozialdemokraten

In Frankrijk sluiten de communisten een bondgenootschap met de sociaaldemocraten

und sie positionieren sich gegen die konservative und radikale Bourgeoisie

en ze stellen zich op tegen de conservatieve en radicale bourgeoisie

sie behalten sich jedoch das Recht vor, eine kritische
Position gegenüber Phrasen und Illusionen einzunehmen,
die traditionell aus der großen Revolution überliefert sind
zij behouden zich echter het recht voor om een kritische
positie in te nemen ten aanzien van frasen en illusies die
traditioneel zijn overgeleverd uit de grote revolutie
In der Schweiz unterstützt man die Radicalen, ohne dabei
aus den Augen zu verlieren, dass diese Partei aus
antagonistischen Elementen besteht
In Zwitserland steunen ze de radicalen, zonder uit het oog te
verliezen dat deze partij bestaat uit antagonistische elementen
teils von demokratischen Sozialisten im französischen
Sinne, teils von radikaler Bourgeoisie
deels van democratische socialisten, in de Franse betekenis,
deels van radicale bourgeoisie
In Polen unterstützen sie die Partei, die auf einer
Agrarrevolution als Hauptbedingung für die nationale
Emanzipation beharrt
In Polen steunen ze de partij die aandringt op een agrarische
revolutie als eerste voorwaarde voor nationale emancipatie
jene Partei, die 1846 den Krakauer Aufstand angezettelt
hatte
de partij die de opstand van Krakau in 1846 aanwakkerde
In Deutschland kämpft man mit der Bourgeoisie, wenn sie
revolutionär handelt
In Duitsland strijden ze met de bourgeoisie wanneer deze
revolutionair optreedt
gegen die absolute Monarchie, das feudale Eichhörnchen
und das Kleinbourgeoisie
tegen de absolute monarchie, de feodale schildknaap en de
kleinburgerij
Aber sie hören nicht auf, der Arbeiterklasse auch nur einen
Augenblick lang eine bestimmte Idee einzuflößen
Maar ze houden nooit op om de arbeidersklasse ook maar een
moment van een bepaald idee bij te brengen

die klarste Erkenntnis des feindlichen Antagonismus zwischen Bourgeoisie und Proletariat

de duidelijkst mogelijke erkenning van de vijandige tegenstelling tussen bourgeoisie en proletariaat

damit die deutschen Arbeiter sofort von den ihnen zur Verfügung stehenden Waffen Gebrauch machen können

zodat de Duitse arbeiders onmiddellijk gebruik kunnen maken van de wapens die hun ter beschikking staan

die sozialen und politischen Bedingungen, die die Bourgeoisie mit ihrer Herrschaft notwendigerweise einführen muss

de sociale en politieke voorwaarden die de bourgeoisie noodzakelijkerwijs moet invoeren, samen met haar suprematie

der Sturz der reaktionären Klassen in Deutschland ist unvermeidlich

de val van de reactionaire klassen in Duitsland is onvermijdelijk

und dann kann der Kampf gegen die Bourgeoisie selbst sofort beginnen

en dan kan de strijd tegen de bourgeoisie zelf onmiddellijk beginnen

Die Kommunisten richten ihre Aufmerksamkeit hauptsächlich auf Deutschland, weil dieses Land am Vorabend einer Bourgeoisie Revolution steht

De communisten richten hun aandacht vooral op Duitsland, omdat dat land aan de vooravond staat van een burgerlijke revolutie

eine Revolution, die unter den fortgeschritteneren Bedingungen der europäischen Zivilisation durchgeführt werden muss

een revolutie die onvermijdelijk zal worden voltrokken onder meer geavanceerde omstandigheden van de Europese beschaving

Und sie wird mit einem viel weiter entwickelten Proletariat durchgeführt werden

En het zal zeker worden uitgevoerd met een veel meer
ontwikkeld proletariaat

**ein Proletariat, das weiter fortgeschritten war als das
Englands im 17. und Frankreichs im 18. Jahrhundert**

een proletariaat dat verder gevorderd was dan dat van
Engeland in de zeventiende eeuw en van Frankrijk in de
achttiende eeuw

**und weil die Bourgeoisie Revolution in Deutschland nur das
Vorspiel zu einer unmittelbar folgenden proletarischen
Revolution sein wird**

en omdat de revolutie van de bourgeoisie in Duitsland slechts
het voorspel zal zijn van een onmiddellijk volgende
proletarische revolutie

**Kurz gesagt, die Kommunisten unterstützen überall jede
revolutionäre Bewegung gegen die bestehende soziale und
politische Ordnung der Dinge**

Kortom, de communisten steunen overal elke revolutionaire
beweging tegen de bestaande sociale en politieke orde van
zaken

**In all diesen Bewegungen rücken sie als Leitfrage die
Eigentumsfrage in den Vordergrund**

In al deze bewegingen brengen zij de eigendomsvraag op de
voorgrond, als de leidende vraag in elk van deze bewegingen.

**unabhängig davon, wie hoch der Entwicklungsstand in
diesem Land zu diesem Zeitpunkt ist**

ongeacht de mate van ontwikkeling in dat land op dat
moment

**Schließlich setzen sie sich überall für die Vereinigung und
Zustimmung der demokratischen Parteien aller Länder ein**

Ten slotte werken ze overal voor de unie en de instemming
van de democratische partijen van alle landen

**Die Kommunisten verschmähen es, ihre Ansichten und
Ziele zu verheimlichen**

De communisten verachten het om hun opvattingen en doelen
te verbergen

**Sie erklären offen, dass ihre Ziele nur durch den
gewaltsamen Umsturz aller bestehenden gesellschaftlichen
Verhältnisse erreicht werden können**

Zij verklaren openlijk dat hun doelen alleen kunnen worden
bereikt door de gewelddadige omverwerping van alle
bestaande sociale verhoudingen

**Mögen die herrschenden Klassen vor einer
kommunistischen Revolution zittern**

Laat de heersende klassen beven voor een communistische
revolutie

Die Proletarier haben nichts zu verlieren als ihre Ketten

De proletariërs hebben niets anders te verliezen dan hun
ketenen

Sie haben eine Welt zu gewinnen

Ze hebben een wereld te winnen

ARBEITER ALLER LÄNDER, VEREINIGT EUCH!

ARBEIDERS ALLER LANDEN, VERENIGT U!

www.ingramcontent.com/pod-product-compliance
Lightning Source LLC
Chambersburg PA
CBHW011735020426
42333CB00024B/2897